OBJECTIF EXPRESS 1

Le monde professionnel en français

Anne-Lyse DUBOIS, Béatrice TAUZIN

CAHIER D'ACTIVITÉS

hachette
FRANÇAIS LANGUE ÉTRANGÈRE

Couverture et création de la maquette intérieure : **Véronique Lefebvre**
Mise en pages : **Nadine Aymard**
Illustrations : **Xav'**
Édition : **Sarah Billecocq – Gaëlle Lefèvre**
Transcription phonétique du lexique : **Véronique Kizirian**
Photos : **Shutterstock** : p. 4 © 3drenderings ; p. 5 © Umberto Shtanzman ; p. 8 © Upstudio ; p. 12 © Jozsef Bagota ; © Allies Interactive Services Pvt. Ltd. ; p. 15 © Goodluz ; p. 16 © Udaix ; p. 17 © Robyn Mackenzie ; p. 21 © Auremar ; © Goodluz ; p. 27, 36, 40, 46, 64 © Hemanta Kumar Raval ; © Roman Sotola ; p. 28 © Bart Kowski ; p. 29 et 30 © Angela Jones ; p. 31 © Siu Wing ; p. 32 © Apostrophe ; © ScriptX ; © Chantall ; p. 47 © jazzia ; © Dr_Flash ; p. 48 © Minerva studio ; p. 50 © Stefano Lunardi ; p. 52 © Hiltch ; p. 53 © Elenadesign ; © Karamysh ; © R. Legosyn ; © Bratwustle ; © Barbara Dudzinska ; p. 58 © Pink Pueblo ; p. 61 © RTimages ; p. 65 © Roman Sotola ; p. 67 © Stock Elements ; p. 68 © Udaix ; p. 69 © Daniel Yordanov ; © Moyseeva Irina ; © PlLart ; p. 72 © Nadiia Korol ; p. 73 © Evgeny Karandaev ; p. 74 © Pius Lee

ISBN : 978-2-01-156008-7

SOMMAIRE

A Coopération internationale

GRAMMAIRE
↘ *Outil ling. n° 2 p. 18*

1 Identités

Le verbe *s'appeler*
Les pronoms *sujets*

Barrez les pronoms sujets incorrects.

1. Je / Tu / Il s'appelle Frédéric Lacheret.

2. Vous / Elles / Ils s'appellent Nathalie Lerois et Annie Besançon.

3. Ils / Nous / Vous nous appelons Pierre et Sophie Grange. Nous sommes dentistes.

4. Je / Elle / Tu m'appelle Patricia Nicolas.

5. Il / Elle / Je s'appelle Véronique Dupuis.

6. Nous / Vous / Ils vous appelez Cédric Gros ?

GRAMMAIRE
↘ *Outil ling. n° 1 p. 18*

2 Présentations

Le verbe *être*

Complétez avec les formes correctes du verbe *être*.

1. Je .... Bernard Caron, le chef des ventes.

2. Voici Amélie Leblanc. Elle .... informaticienne.

3. Mme Françoise Morel et Mme Odile Trubert .... assistantes.

4. Vous .... Brigitte Dubois, la responsable des ressources humaines ?

5. Jacques Fournier .... informaticien.

6. Voici Séverine Bel et Marc Blanchu. Ils .... commerciaux.

GRAMMAIRE
VOCABULAIRE
COMMUNICATION
↘ *Outil ling. n° 4 p. 18*

3 Cartes de visite

Le masculin et le féminin des noms de profession

A. Associez les cartes aux dessins et barrez le mot incorrect.

1. Murielle Barque
Coiffeur
Coiffeuse

2. Jacques Douté
Avocat
Avocate

3. Gabrielle Lounier
Serveur
Serveuse

4. Loïc Briand
Pharmacien
Pharmacienne

5. Gilles Faréo
Présentateur
Présentatrice

6. Sabine Pitavy
Informaticien
Informaticienne

7. Didier Tournon
Infirmier
Infirmière

8. Virginie Marin
Acteur
Actrice

a. .... **b.** .... **c.** .... **d.** ....

e. .... **f.** .... **g.** .... **h.** ....

B. Vous êtes une de ces personnes. Présentez-vous.

RAMMAIRE
HONIE-
RAPHIE

Outil ling. n° 4
. 18

4 Mots croisés

Les adjectifs de nationalité

A. Complétez la grille avec les adjectifs de nationalité au masculin.

Pays : Angleterre / Allemagne / Belgique / Danemark / Espagne / Italie / Portugal / Suisse

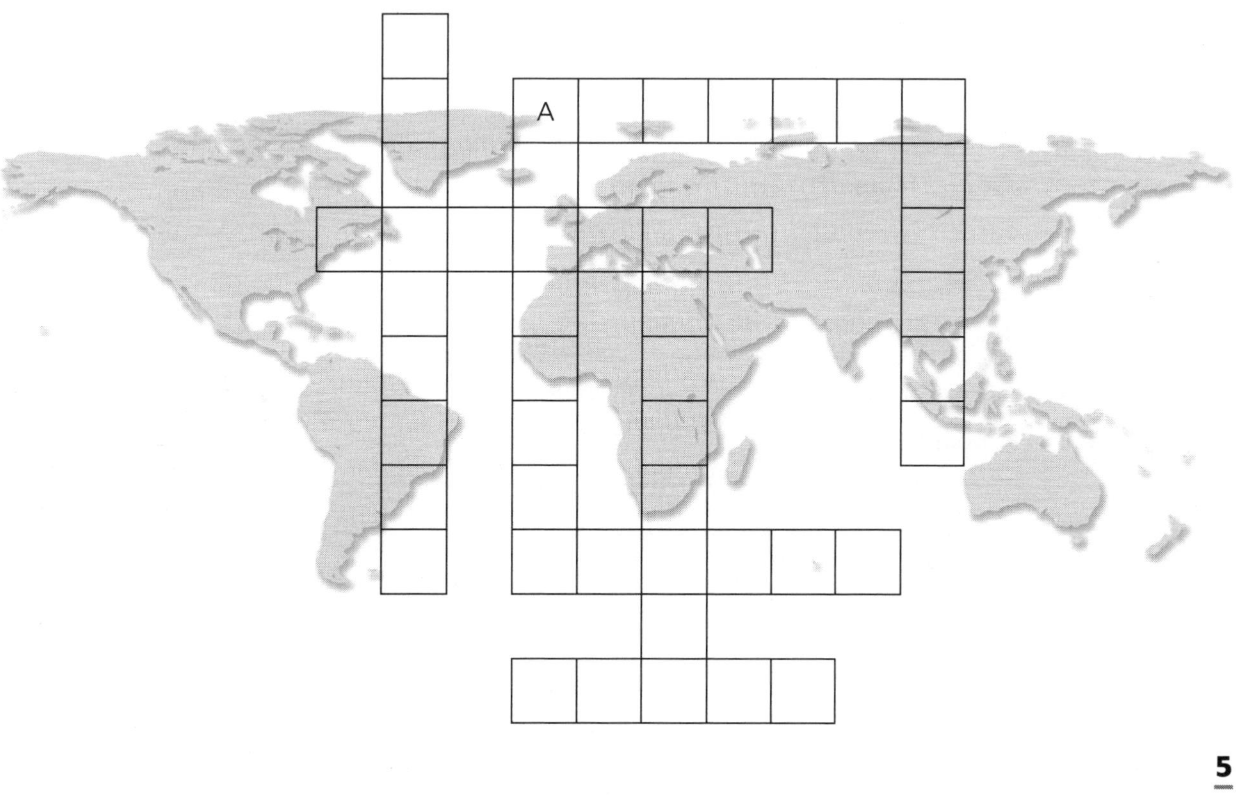

B. Trouvez l'adjectif de nationalité au féminin et cochez la bonne case pour indiquer s'il a la même prononciation que l'adjectif au masculin.

Pays	Adjectif féminin	Adjectif masculin (même prononciation)	Adjectif masculin (prononciation différente)
1. Angleterre	....	❑	❑
2. Allemagne	....	❑	❑
3. Belgique	....	❑	❑
4. Danemark	....	❑	❑
5. Espagne	....	❑	❑
6. Italie	....	❑	❑
7. Portugal	....	❑	❑
8. Suisse	....	❑	❑

GRAMMAIRE

↘ *Outil ling. n° 4 p. 18*

5 Personnel international

■ Le masculin et le féminin des adjectifs de nationalité et des noms de profession

Complétez avec *un* si c'est un homme et avec *une* si c'est une femme.

1. .... informaticien vietnamien

2. .... directrice marketing française

3. .... présidente allemande

4. .... architecte chinois

5. .... responsable des achats américain

6. .... assistante brésilienne

7. .... standardiste espagnole

8. .... délégué commercial japonais

GRAMMAIRE

↘ *Outil ling. n° 3 p. 18*

6 Genre

■ Les articles indéfinis *un, une, des*

Classez les mots dans les trois cases.

1. collaborateurs

2. directrice

3. Canadien

4. informaticiennes

5. nom

6. colloque

7. langues

8. prénom

9. Française

10. nationalité

11. entreprise

12. ingénieurs

13. profession

14. consultants

15. Américaine

Un...	Une...	Des...
....	....	....
....	....	....
....	....	....

Mémo

Au pluriel, les noms prennent un S à la fin.
Il y a des exceptions :
un commercial
→ *des commerci**aux***
un animal
→ *des anim**aux***
un travail
→ *des trav**aux***
un journal
→ *des journ**aux***

B Enchanté !

COMMUNICATION
↘ Retenez p. 12

7 Enchanté !

Retrouvez le dialogue.

1. Je vais bien, merci. Et toi, ça va ?

2. Enchanté !

3. Bonjour Paul. Comment vas-tu ?

4. Oui, ça va. Je te présente Pierre Bodot !

5. Bonjour Marie !

Paul : ....

Marie : ....

Paul : ....

Marie : ....

Paul : ....

GRAMMAIRE
↘ Outil ling. n° 5 p. 19

8 Salutations

■ Le verbe *aller*

Entourez la forme correcte du verbe *aller* dans les mini-dialogues.

1. – Bonjour, ça **vais / va / allons** ?

– Oui, je **vais / vas / allez** très bien, merci. Et toi, tu **vais / vas / va** bien ?

– Oui, merci.

2. – Bonjour M. et Mme Vallet, comment **vais / va / allez** -vous ?

– Nous **va / allons / allez** très bien, merci. Et vous, vous **vais / va / allez** bien ?

– Oui, très bien, merci.

GRAMMAIRE
↘ Outils ling. n° 1 et 2 p. 18 et n° 5 p. 19

9 Conversations

■ Les verbes *être / s'appeler / aller*

Complétez les dialogues avec les formes correctes des verbes *être / s'appeler / aller*.

1. – Salut Gilles, comment tu .... ?

– Je .... bien, merci.

2. – Comment .... votre collègue ?

– Il .... Brice Legarde. Il .... informaticien.

3. – Vous .... suisse ?

– Oui et je .... Catherine Grosclaude.

4. – .... Fabrice Dupont ?

– Oui et mes collaborateurs .... Jacques Geiser et Louis Balmin.

Mémo

Le verbe *s'appeler* s'écrit avec un *L* pour « nous » et « vous » et deux *LL* pour les autres personnes.
Ex. : *Nous nous appe**l**ons. Je m'appe**ll**e.*

GRAMMAIRE
COMMUNICATION

↘ *Outil ling. n° 8 p. 19*

10 Lieux de rendez-vous

Les prépositions à, *dans*, *chez*

Trouvez le maximum de lieux de rendez-vous et rédigez des SMS.
Utilisez les étiquettes et choisissez les bonnes prépositions (*à*, *dans*, *chez*).
Exemple : *Anne Martin / New York → Rendez-vous chez Anne Martin à New York.*

S. C. M. | Grenoble | une société japonaise | Renault | une université | Tokyo | Montréal | Dakar | • M. Grimaud • | une banque

....

....

....

C Voici un formulaire

COMPRÉHENSION

↘ *Retenez p. 14-15*

11 Tout faux

Remettez les informations à leur emplacement exact.

Nom : 34 rue de Volvic – 26320 St-Marcel	**Nom :** ....
Prénom : Américaine	**Prénom :** ....
Nationalité : Myriam	**Nationalité :** ....
Situation de famille : Société Syntaxe	**Situation de famille :** ....
Profession : Benett	**Profession :** ....
Adresse : Ingénieure	**Adresse :** ....
Employeur : Divorcée	**Employeur :** ....

VOCABULAIRE

↘ *Retenez p. 14*

12 Dates

Écrivez la date complète.

1. 08/05/1996 → *8 mai 1996*

2. 29/12/2003 → ....

3. 04/03/1984 → ....

4. 22/10/2000 → ....

5. 14/02/1979 → ....

6. 25/08/2006 → ....

VOCABULAIRE
↘ *Retenez p. 14-15*

13 Le mot de trop

Barrez l'intrus.

1. nom / profession / prénom

2. nationalité / célibataire / divorcé

3. profession / employeur / date de naissance

4. lieu de naissance / adresse / date de naissance

D Une demande de stage

COMMUNICATION
↘ *Retenez p. 16*

14 Savoir vivre

Les formules de politesse

Ajoutez les expressions de politesse.

1. – Un formulaire ....

– Voilà monsieur !

– .... beaucoup. .... madame.

2. – .... mademoiselle. Comment allez-vous ?

– Je vais bien, ...

COMMUNICATION
↘ *Retenez p. 17*

15 Interrogatoire

Associez les questions et les réponses.

1. Vous êtes marié ? •
2. Vous êtes chinois ? •
3. Quel est votre prénom ? •
4. Quel est le nom de votre société ? •
5. Vous êtes médecin ? •

• **a.** Oui, à l'hôpital Béclère.
• **b.** David.
• **c.** Société Bricotout.
• **d.** Non, je suis célibataire.
• **e.** Non, je suis japonais.

COMMUNICATION
↘ *Retenez p. 17*

16 Demande d'informations

Classez les questions dans le tableau.

1. Vous vous appelez comment ?
2. Vous êtes français ?
3. Quel est votre nom ?
4. Quelle est votre profession ?
5. Vous êtes journaliste ?
6. Quelle est votre nationalité ?
7. Vous êtes monsieur ?

Questions sur l'identité (nom / prénom)	Questions sur la nationalité	Questions sur la profession
....	....	....
....	....	....
....	....	....

GRAMMAIRE
COMMUNICATION

↘ *Outil ling. n° 6 p. 19*

17 Sondage

Les adjectifs interrogatifs *quel / quelle*

Associez les mots pour poser des questions pour un sondage.

Mémo
Quel est masculin.
Quelle est féminin.
Leur prononciation est la même : [kel].

Quel •	• est •	• votre •	• **1.** nationalité
			• **2.** nom
			• **3.** date de naissance
			• **4.** adresse
Quelle •			• **5.** prénom
			• **6.** situation de famille
			• **7.** profession

1. .... ?
2. .... ?
3. .... ?
4. .... ?
5. .... ?
6. .... ?
7. .... ?

GRAMMAIRE

↘ *Outil ling. n° 7 p. 19*

18 C'est à moi

Les adjectifs possessifs *mon / ma / mes / votre / vos*

Donnez la forme correspondante : *mon* ou *ma*.

1. Votre prénom	*Mon prénom*
2. Votre nationalité	....
3. Votre date de naissance	....
4. Votre adresse	....
5. Votre lieu de naissance	....
6. Votre passeport	....
7. Votre visa	....
8. Votre profession	....
9. Votre employeur	....
10. Votre collègue Caroline	....
11. Votre directrice	....

COMMUNICATION

19 Formalités

Lisez le formulaire et répondez aux questions (faites des phrases complètes).

Nom : Merckx
Prénom : Frédéric
Nationalité : Belge
Situation de famille : Marié
Profession : Médecin
Adresse : 23 rue de Strasbourg – 33000 Bordeaux
Adresse électronique : fmerckx@free.fr

1. – Quelle est votre adresse ?

– ....

....

2. – Vous êtes français ?

– ....

3. – Quelle est votre profession ?

– ....

4. – Quel est votre nom ?

– ....

5. – Vous êtes marié ?

– ....

6. – Vous avez une adresse électronique ?

– ....

7. – Comment s'écrit votre prénom ?

– ....

PHONIE-GRAPHIE

20 Sigles

Lisez les sigles à haute voix et dites à quoi ils correspondent.

1. EDF •	• **a.** Société nationale des chemins de fer français
2. BIT •	• **b.** Association française des ingénieurs et techniciens de l'environnement
3. SNCF •	• **c.** Électricité de France
4. ONU •	• **d.** Bureau international du travail
5. AFITE •	• **e.** Gaz de France
6. RATP •	• **f.** Air France
7. GDF •	• **g.** Régie autonome des transports parisiens
8. AF •	• **h.** Organisation des Nations Unies

COMMUNICATION

↘ *Retenez p. 17*

21 Carnet d'adresses

Écrivez les adresses électroniques.

1. B A R T H en minuscules arobase club tiret internet point fr

....

2. M A X en minuscules point D U B en minuscules arobase free point net

....

COMMUNICATION

↘ *Repères professionnels p. 23*

22 Question de relations

***Tu* ou *vous* ? Cochez la bonne colonne.**

Vous dites...	À une personne proche	À une personne peu connue
1. vous avez une adresse électronique ?	☐	☐
2. comment vas-tu ?	☐	☐
3. vous allez bien ?	☐	☐
4. quelle est votre adresse ?	☐	☐
5. je te présente ma collègue ?	☐	☐

COMPRÉHENSION

23 Cartes de visite

Lisez les cartes de visite et complétez le tableau.

Carte 1

Victor PINSON

Tél. : 06 47 83 00 64
Courriel : vpinson@freenet.fr

Carte 2

Dr Claire Biro
Chirurgien

6 rue de Belgique - 33390 Blaye
Tél. : 05 84 37 23 19

Carte 3

M. et Mme Dubois
et leurs enfants

Tél. : 03 54 76 89 31
3 rue Victor Hugo
68000 Colmar

Carte 4

Eva Petit
Société Abscisses

54 bd St-Germain
75006 Paris

☎ 01 25 37 81 57 / 01 75 05 41 29

a. La personne donne sa profession.	Carte n° ....
b. La personne travaille à Paris.	Carte n° ....
c. La personne ne donne pas d'adresse.	Carte n° ....
d. La personne travaille pour une entreprise.	Carte n° ....
e. C'est la carte d'une famille.	Carte n° ....
f. La personne a une adresse Internet.	Carte n° ....

A S'il vous plaît !

COMMUNICATION
↘ *Retenez p. 26*

1 Demandes polies

Les formules de politesse

Remettez les mots dans l'ordre pour retrouver des phrases polies.

1. vous / voudrais / je / visa / mademoiselle, / un / s'il / bonjour / plaît !

....

2. passeport ? / avoir / monsieur, / je / pardon / pourrais / votre

....

3. madame, / adresse ? / est / excusez-moi / votre / quelle

....

4. beaucoup / café ! / pour / merci / le

....

5. pour / remercie / vous / je / photocopie ! / la

....

6. voudrais / Julie, / je / le / vous / excusez-moi / s'il / fichier / plaît !

....

COMMUNICATION
↘ *Retenez p. 26*

2 Tu ou vous ?

Les formules de politesse

Cochez l'énoncé qui convient à la situation.

Vous parlez.....	Vous dites.....	
1. À une personne proche	❑ **a.** Un coca, s'il te plaît.	❑ **b.** Un coca, s'il vous plaît.
2. À une personne peu connue ou inconnue	❑ **a.** Tu es marié ?	❑ **b.** Vous êtes marié ?
3. À une personne proche	❑ **a.** Je te remercie pour l'invitation.	❑ **b.** Je vous remercie pour l'invitation.
4. À une personne proche	❑ **a.** Je te présente mon père.	❑ **b.** Je vous présente mon père.
5. À une personne peu connue ou inconnue	❑ **a.** Je pourrais avoir un café, s'il te plaît ?	❑ **b.** Je pourrais avoir un café, s'il vous plaît ?
6. À une personne peu connue ou inconnue	❑ **a.** Je suis ravie de te connaître.	❑ **b.** Je suis ravie de vous connaître.
7. À une personne proche	❑ **a.** Excuse-moi, tu as un stylo ?	❑ **b.** Excusez-moi, vous avez un stylo ?
8. À une personne peu connue ou inconnue	❑ **a.** Je te remercie pour le visa.	❑ **b.** Je vous remercie pour le visa.

GRAMMAIRE

↘ *Outil ling. n° 3 p. 18*

3 Dans l'entreprise

Les articles indéfinis *un / une / des*

Entourez l'article qui convient dans les phrases.

1. Je travaille dans **un / une / des** entreprise française.

2. J'ai **un / une / des** assistante et 3 collaborateurs.

3. Aujourd'hui, nous préparons **un / une / des** réunion avec **un / une / des** collègues allemands et je présente **un / une / des** dossier sur **un / une / des** projet important.

B Vous travaillez dans quoi ?

GRAMMAIRE

↘ *Outil ling. n° 3 p. 34*

4 Interrogatoire

Le verbe *avoir*

Complétez les dialogues avec les formes correctes du verbe *avoir*.

1. – Vous .... des enfants ?

– Oui, nous .... un fils et une fille.

– Ils .... quel âge ?

– Romain .... 13 ans et Pauline 8 ans.

2. – Excusez-moi mademoiselle, vous .... un stylo ?

– Non, mais j' .... un crayon. Tenez !

– Merci beaucoup !

3. – Excuse-moi Anne, nous .... rendez-vous avec le responsable marketing, tu .... le dossier « Europe » ?

– Oui, tiens !

– Merci.

VOCABULAIRE

↘ *Retenez p. 28*
↘ *Repères professionnels p. 39*

5 Secteurs d'activité

Associez le secteur d'activité et le dessin.

a. **b.** **c.**

d. e. f.

1. Les télécommunications ....

2. L'informatique ....

3. La construction automobile ....

4. L'enseignement ....

5. Le commerce ....

6. La communication ....

GRAMMAIRE

Outil ling. n° 1 p. 18
Outil ling. n° 3 p. 34

6 Être ou pas

Les verbes *être* et *avoir*

Complétez le post de Julien avec *j'ai* ou *je suis*.

Je m'appelle Julien Tessier. .... 35 ans, ... marié et .... deux enfants. Je travaille dans une usine. .... responsable de la production et .... beaucoup de responsabilités. .... une voiture et un téléphone portable pour travailler alors .... satisfait ☺.

J'aime • Commenter

VOCABULAIRE

Retenez p. 29

7 Le bon numéro

Les nombres

Écrivez en lettres les numéros gagnants du loto.

....

....

....

....

GRAMMAIRE

↘ Outils ling. n° 2 et 3 p. 34
↘ Outil ling. n° 1 p. 18

8 Questions précises

Les verbes *avoir / être / travailler / habiter*

Complétez le dialogue avec les verbes qui conviennent (attention à la conjugaison !). Plusieurs réponses sont possibles.

– Vous .... à Pékin ?

– Oui, je .... chinoise.

– Et vous .... pour une entreprise française ?

– Oui, je .... traductrice.

– Vous .... mariée ?

– Oui et j' .... 2 enfants.

– Et votre mari, il .... dans quoi ?

– Il .... professeur d'anglais.

VOCABULAIRE
GRAMMAIRE

↘ Outil ling. n° 1 p. 34

9 Pays d'Europe

Les noms de pays

Mettez les articles devant les noms de quelques pays d'Europe et placez-les sur la carte.

1. .... Allemagne
2. .... Autriche
3. .... Belgique
4. .... Danemark
5. .... Espagne
6. .... Estonie
7. .... Finlande
8. .... France
9. .... Grèce
10. .... Hongrie
11. .... Italie
12. .... Luxembourg
13. .... Norvège
14. .... Pologne
15. .... Portugal
16. .... Royaume-Uni
17. .... Suède
18. .... Suisse
19. .... République Tchèque
20. .... Pays-Bas

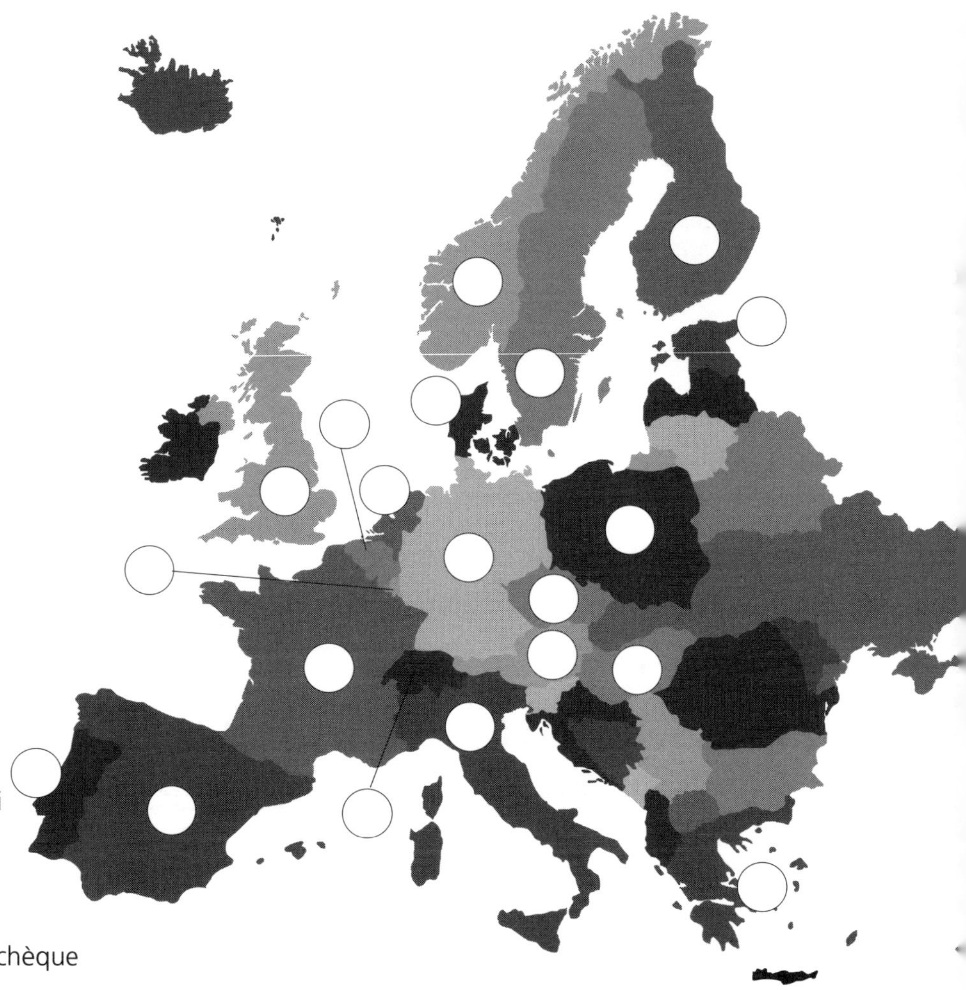

GRAMMAIRE

↘ *Retenez p. 28*
↘ *Outils ling. n° 1 et 8 p. 34-35*

10 Globe-trotters

■ Les prépositions *à / au / en / chez / pour*

Complétez les présentations avec les prépositions qui conviennent.

Mes amis travaillent dans le monde entier :

1. Gilles est .... Japon, ... Tokyo, ... Alcatel.

2. Rachèle travaille .... New York, ... une entreprise allemande.

3. Marc est ingénieur .... Renault, ... Chine.

4. Jean-Luc travaille .... une banque .... Londres.

5. Édith est médecin et travaille .... Rio, ... Brésil.

6. Nathalie est professeur .... Suisse, ... Lausanne.

7. Joël dirige une entreprise .... Kenya.

8. Maëlys est .... Carrefour .... Argentine.

VOCABULAIRE

↘ *Retenez p. 29*

11 La famille

Barrez l'intrus pour retrouver les paires dans la famille.

1. le frère / la mère / la sœur

2. le mari / la femme / la grand-mère

3. le petit-fils / la grand-mère / le grand-père

4. les enfants / le frère / les parents

5. le père / la mère / le fils

6. la grand-mère / la fille / le fils

COMMUNICATION

↘ *Retenez p. 29*

12 Ma famille

Lisez l'arbre généalogique. Vous êtes Catherine Blanchet, présentez votre famille dans un petit texte sur une feuille à part.

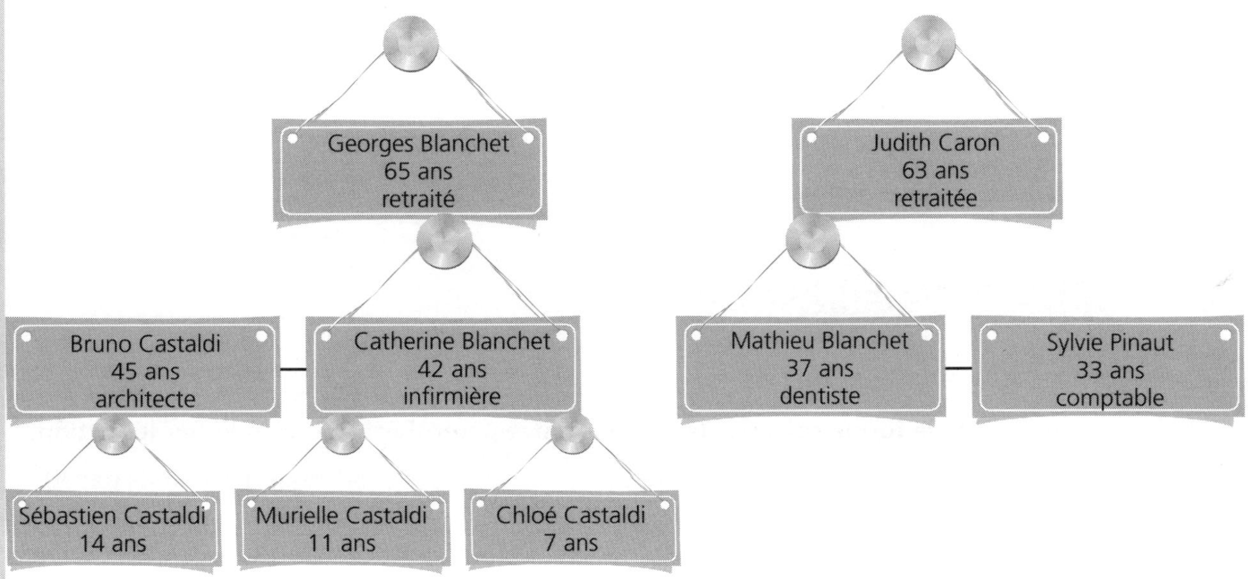

GRAMMAIRE

↘ *Outil ling. n° 6 p. 35*

13 Appartenance

Les adjectifs possessifs

Complétez le tableau avec les adjectifs possessifs.

Mémo
Le genre du possesseur n'est pas important.

	Un livre	Des dossiers	Un ordinateur	Une fiche	Des stylos	Une adresse
1. C'est à nous.	....	....	....	....	....	....
2. C'est à Paul.	....	....	....	....	....	....
3. C'est à moi.	....	....	....	....	....	....
4. C'est à vous.	....	....	....	....	Vos stylos	....
5. C'est à Nicolas et Laure.	Leur livre	....	....	....	....	....
6. C'est à toi.	....	....	Ton ordinateur	....	....	....

C En vol !

VOCABULAIRE
GRAMMAIRE

↘ *Retenez p. 31*

14 Habitudes

Les adverbes de fréquence

Faites des phrases pour dire les habitudes. Utilisez les mots pour indiquer la fréquence.

1. Je vais à la campagne. (+) ....

2. Nous mangeons au restaurant. (–) ....

3. Ils regardent la télé. (++) ....

4. Tu écoutes la radio. (– –) ....

5. Mon père regarde ses messages. (–) ....

6. Nous sommes malades. (– –) ....

7. Jacques parle anglais au bureau. (+) ....

8. Mes collègues arrivent à l'heure. (+++) ....

GRAMMAIRE
PHONIE-GRAPHIE

↘ *Outil ling. n° 2 p. 34*

15 Lieux et activités

Le présent des verbes en *-ER*

A. Écrivez la forme correcte des verbes entre parenthèses pour indiquer les actions.

1. Au bureau. Le directeur (rencontrer) .... les clients, l'assistante (taper) .... les lettres, les commerciaux (proposer) .... les produits, tu (consulter) .... ta messagerie, nous (travailler) .... en équipe.

Mémo
La terminaison *-ENT* de la troisième personne du pluriel ne se prononce pas.

2. Dans le train. Un homme (téléphoner) .... , une femme (travailler) .... , des touristes (parler) .... anglais, j'(écouter) .... de la musique.

3. En classe. Le professeur (expliquer) .... le vocabulaire, les étudiants (poser) .... des questions, nous (répéter) .... les phrases. J' (étudier) .... les conjugaisons.

B. Lisez les verbes conjugués et barrez les lettres qui ne se prononcent pas puis lisez les phrases à voix haute.

GRAMMAIRE
↘ *Outil ling. n° 4 p. 35*

16 Désolé !

La forme négative

Répondez aux questions, utilisez la forme négative.

1. – Vous parlez russe ? – Non, désolé, je ....

2. – Ils habitent ici ? – Non, désolé, ils ....

3. – Tu travailles chez Monoprix ? – Non, désolé, je ....

4. – Je regarde tes messages ? – Non, désolé, tu ....

5. – Jacques dîne avec nous ? – Non, désolé, il ....

6. – Vous aimez le thé ? – Non, désolés, nous ....

7. – Nous étudions le dossier ? – Non, désolé, vous ....

GRAMMAIRE
↘ *Retenez p. 31*
↘ *Outil ling. n° 4 p. 35*

17 Caractères opposés

La forme négative

Dites le contraire, utilisez *ne... jamais*.

Exemple : *Jean regarde toujours les plannings. Moi, je ....*
→ *Jean regarde toujours les plannings. Moi, je* ***ne*** *regarde* ***jamais*** *les plannings.*

Mémo
La forme négative française a toujours deux parties :
ne… pas
ne… jamais

1. Ma collaboratrice parle toujours anglais. Moi, je ....

2. Tes collègues préparent toujours les réunions. Toi, tu ....

3. Il écoute toujours les informations. Elle, elle ....

4. Vous travaillez toujours tard. Nous, nous ....

5. Nous discutons toujours au restaurant. Eux, ils ....

6. Je montre toujours mes projets. Vous, vous ....

VOCABULAIRE
GRAMMAIRE
↘ *Retenez p. 31*
↘ *Outils ling. n° 2 et 4 p. 34-35*

18 Des goûts et des couleurs

Pour indiquer les goûts

A. Associez les pictos et les verbes.

 • • détester

 • • adorer

 • • aimer / apprécier

 • • ne pas aimer / ne pas apprécier

B. Complétez avec les verbes conjugués pour exprimer les goûts de chaque personne.

1. Les enfants le coca. ....

2. Je les réunions. ....

3. Nous les voyages. ....

4. Mon fils les dessins animés. ....

5. Tu les films américains. ....

6. Gabrielle la musique classique. ....

7. Ma collègue l'avion. ....

8. Ils les livres. ....

9. Vous l'informatique. ....

10. La responsable ses collègues. ....

GRAMMAIRE

↘ *Outil ling. n° 5 p. 35*

19 Tous les goûts sont dans la nature

Les articles définis *le / la / l' / les*

Lisez la liste et complétez le tableau avec les lettres pour classer des goûts.

a. art moderne (m)
b. café (m)
c. documentaires (m)
d. football (m)
e. grammaire (f)
f. gymnastique (f)
g. histoire (f)
h. réunions (f)
i. mathématiques (f)
j. musique rap (f)
k. théâtre (m)
l. restaurants japonais (m)
m. informatique (m)
n. ski (m)
o. politique (f)

1. J'adore le	**2.** Je déteste la	**3.** Je n'aime pas les	**4.** Je préfère l'
....	....	....	....

GRAMMAIRE

↘ *Outil ling. n° 7 p. 35*

20 Goûts musicaux

Les pronoms toniques

Complétez les phrases avec *moi, toi, lui, elle, nous, vous, eux, elles* pour indiquer les goûts de chaque personne.

1. .... , il adore le jazz.
2. .... , vous aimez la musique classique.
3. .... , tu détestes la salsa.
4. .... , elles apprécient le rock.
5. .... , elle n'aime pas le disco.
6. .... , je préfère le reggae.
7. .... , ils aiment beaucoup le zouk.
8. .... , nous aimons toutes les musiques.

COMPRÉHENSION
COMMUNICATION

21 Qui est-ce ?

A. Lisez les informations et écrivez un texte pour présenter les personnes.

Nom et prénom : Pierre Pons
Âge : 45 ans
Situation de famille : marié, 3 enfants
Lieu de résidence : Marseille
Nationalité : français
Profession : consultant
Goûts : tennis / football
voyages / musique classique

Nom et prénom : Julia Pozzi
Âge : 30 ans
Situation de famille : célibataire
Lieu de résidence : Florence
Nationalité : italienne
Profession : pharmacienne
Goûts : films français / danse
informatique / télé

Il ....

....

....

....

Elle ....

....

....

....

B. Sur le même modèle, présentez-vous dans un petit texte sur une feuille à part.

COMMUNICATION

22 Interview

Associez les questions et les réponses pour retrouver l'interview. Complétez le tableau.

Questions	Réponses
1. Quelles entreprises françaises connaissez-vous ?	**a.** csourlier@praxis.com.
2. Quel est le nom de votre entreprise ?	**b.** Oui, elle s'appelle Hélène.
3. Quel âge a votre directeur ?	**c.** Avec 2 SS et un Y.
4. Vous avez une assistante ?	**d.** Oui, je suis commercial.
5. Quel est le secteur d'activité de votre entreprise ?	**e.** Oui, je vais beaucoup en Asie.
6. Vous travaillez ?	**f.** La communication.
7. Comment s'appelle votre correspondant en Indonésie ?	**g.** Praxis.
8. Comment s'écrit le nom de votre DRH* ?	**h.** Total, Renault et EDF.
9. Quelle est votre adresse électronique professionnelle ?	**i.** 53 ans.
10. Vous voyagez souvent ?	**j.** Il s'appelle John Briany.

* Directeur des ressources humaines

1	2	3	4	5	6	7	8	9	10
....	....	....	....	....	....	....	....	....	....

D Bienvenue à Paris !

GRAMMAIRE

↘ *Outil ling. n° 3 p. 34*

23 Que faire ?

■ Le verbe *faire*

Mémo

La 1re personne du pluriel du verbe *faire*, *faisons*, se prononce [fəzɔ̃].

Retrouvez la conjugaison du verbe *faire* au présent et à toutes les personnes (5 mots) dans la grille.

B	U	I	T	A	F	O	N
U	F	A	I	S	O	N	S
F	A	R	F	U	N	I	F
A	F	E	O	T	T	B	E
I	C	F	R	F	A	I	R
T	U	A	A	S	T	O	A
E	M	I	S	F	A	I	T
S	A	S	O	T	I	L	E

VOCABULAIRE

↘ *Retenez p. 32*

24 Météo

Regardez les illustrations et dites quel temps il fait. Notez le numéro de la phrase sous le dessin.

1. Il fait beau. **2.** Il fait chaud. **3.** Il y a du vent. **4.** Il pleut. **5.** Il fait froid. **6.** Il neige.

Mémo

Les saisons
22 décembre : l'hiver
20 mars : le printemps
21 juin : l'été
22 ou 23 septembre : l'automne

a. .... **b.** .... **c.** .... **d.** .... **e.** .... **f.** ....

Compréhension des écrits (30 minutes)

Contenu de l'épreuve : Vous devez répondre à des questionnaires de compréhension qui portent sur quatre ou cinq documents écrits qui correspondent à des situations habituelles en milieu professionnel.

Exercice : Départ en mission

Vous lisez le message suivant de votre responsable.

À :
De : Arnaud — Signature : Pro
Objet : Mission

Je vais en mission aux États-Unis du 5 au 8 mai et au Mexique du 2 au 10 juin. Merci de réserver les vols en classe affaires et de préparer les dossiers sur les partenaires américains et mexicains.

Bonne journée,

Arnaud

Cochez la bonne réponse.

1. Dans ce message, votre responsable…
- ❑ **a.** donne un accord.
- ❑ **b.** indique des voyages.
- ❑ **c.** demande des informations.
- ❑ **d.** présente des personnes.
- ❑ **e.** invite des partenaires.

2. Après la lecture de ce message, …
- ❑ **a.** vous faites le planning.
- ❑ **b.** vous organisez le voyage en avion.
- ❑ **c.** vous donnez un rendez-vous.
- ❑ **d.** vous remerciez.
- ❑ **e.** vous réservez un hôtel.

Production écrite (30 minutes)

Contenu de l'épreuve : L'épreuve est en 2 parties : compléter une fiche, un formulaire / rédiger des messages simples pour décrire, expliquer.

Exercice : Compléter un formulaire

Vous travaillez à l'accueil du Salon de l'entreprise et vous remplissez le formulaire pour un visiteur à partir de sa carte de visite.

Cableplus ☎
François Charron
Directeur commercial
253 rue Saint-Paul – G1C2X5 Québec
☎ 418-780-3593 Fax : 418-780-3594
Courriel : fcharron@cableplus.ca

Salon de l'entreprise

Pour obtenir votre badge, complétez ce formulaire.

❑ Mme ❑ Melle ❑ M.

Nom : .... Prénom : ....

Société : .... Code postal : ....

Adresse : .... Pays : ....

Tél. : .... Courriel : ....

Votre fonction
- ❑ Président Directeur Général
- ❑ Directeur
- ❑ Chef de service
- ❑ Ingénieur

Secteur d'activité
- ❑ Assurance
- ❑ Automobile
- ❑ Télécommunications
- ❑ Pétrole / Chimie
- ❑ Autre : ....

Département / Service
- ❑ Direction générale
- ❑ Ressources humaines
- ❑ Informatique
- ❑ Marketing / Communication
- ❑ Commercial
- ❑ Production
- ❑ Autre : ....

Production et interactions orales

L'oral du DELF A1. Contenu de l'épreuve

Le DELF A1 se compose de deux parties :

• **Une épreuve de compréhension de l'oral** (notée sur 25). Vous allez entendre 3 ou 4 documents enregistrés, très courts, qui correspondent à des situations habituelles de la vie professionnelle. Chaque document dure environ trois minutes et vous l'écoutez deux fois. Vous écoutez et vous répondez aux questions.

La durée totale de l'épreuve est de vingt minutes environ.

• **Une épreuve de production et interactions orales** (notée sur 25). Cette épreuve d'expression orale se compose de trois parties. L'épreuve dure de cinq à sept minutes. Le premier exercice est sans préparation et pour les deuxième et troisième exercices, vous avez dix minutes de préparation.

– **Un entretien dirigé** (deux minutes). Objectif : se présenter et parler de soi, de son travail, de son lieu de travail, de ses horaires. Vous répondez aux questions de l'examinateur sur vous, votre travail, vos horaires…

– **Un échange d'informations** (deux minutes). L'examinateur vous donne 5 ou 6 cartes avec des mots clés. Vous devez poser des questions à partir des mots écrits. Vous essayez de ne pas réutiliser le mot mais l'idée.

Exemple : Voyage : Vous aimez l'avion ?

– **Un dialogue simulé** (deux minutes). Vous allez jouer une situation de la vie professionnelle (exemple : une commande ou une réservation…).

Exercice 1 : Un entretien dirigé

OBJECTIF : Se présenter.

Vous répondez aux questions.

Vous vous appelez comment ?
Quel est votre travail ?
Vous travaillez dans quel secteur ?
Vous travaillez où ?
Vous aimez votre travail ?

Exercice 2 : Échange d'informations

OBJECTIF : Poser des questions.

Vous faites un sondage pour un opérateur de téléphone.
Vous posez des questions à un client à partir des mots sur les cartes.

Nom ?
Situation familiale ?
Adresse ?
Profession ?
Employeur ?
Secteur d'activité ?
Nationalité ?
Activités du week-end ?

A Ne quittez pas !

GRAMMAIRE

Outil ling. n° 3 p. 50

1 À qui ?

La préposition *à*

A. Complétez le texte avec *au, à la, à l'* ou *aux*.

Aujourd'hui, je communique avec beaucoup de personnes.

Je dis bonjour .... collègues, je téléphone .... directrice commerciale, je parle .... assistante, je réponds .... clientes, j'envoie un message .... responsable de la publicité, j'explique le planning .... vendeurs.

B. Réécrivez le texte avec *à + mon, ma* ou *mes* ou *à + un, une, des*.

....

....

....

....

....

....

....

....

Mémo

Le verbe *dire*
Je dis
Tu dis
Il / Elle dit
Nous disons
Vous dites
Ils / Elles disent

Mémo

*Nous répondons **au** directeur.* *Tu téléphones **aux** clients.*	*Nous répondons **à un** directeur.* *Tu téléphones **à des** clients.*
Le directeur et les clients sont des personnes précises ou particulières.	Le directeur et les clients ne sont pas des personnes uniques, particulières ou précises.

Avec les adjectifs possessifs et les articles indéfinis, on utilise ***à***.
*Ex. : Je parle **à** mon collègue. / Je parle **à** un collègue.*

COMMUNICATION

Retenez p. 43

2 Les mots qu'il faut

Cochez la bonne réponse.

1. Vous dites « c'est de la part de qui ? » pour…
❑ **a.** vous présenter.
❑ **b.** demander l'identité de votre correspondant.

2. Vous dites « c'est pour quoi ? » pour…
❑ **a.** expliquer pourquoi vous appelez.
❑ **b.** demander pourquoi votre correspondant appelle.

3. Vous dites « ne quittez pas » pour…
❑ **a.** demander à votre correspondant de rester en ligne.
❑ **b.** dire au revoir à votre correspondant.

4. Vous dites « je peux laisser un message ? » parce que…
- ❑ **a.** vous voulez transmettre un message.
- ❑ **b.** vous voulez prendre un message.

5. Vous dites « je peux prendre vos coordonnées » pour…
- ❑ **a.** avoir les coordonnées de votre correspondant.
- ❑ **b.** donner vos coordonnées.

COMMUNICATION

3 Rendez-vous

Complétez le message avec les mots suivants : absent / appelle / bientôt / désolée / message / moment / peux / remercie / réunion / salut / organiser / fixer.

Nouveau message

Envoyer Discussion Joindre Adresses Polices Couleurs Enr. brouillon Navigateur de photos Afficher les modèles

À : Gilles

De : Muriel — Signature : Pro

Objet : Réunion

.... Gilles,

Je te .... pour ton ....

Je suis .... mais M. Dahan est ....

pour le .... et je ne .... pas

.... la .... avec toi.

Je t' .... mardi pour .... une date.

À .... ,

Murielle

GRAMMAIRE

↘ *Outil ling. n° 7 p. 51*

4 Communication

Les verbes en –DRE (*répondre / attendre / descendre / entendre*)

Conjuguez les verbes entre parenthèses.

1. Les collaborateurs (répondre) .... à ton message.

2. Nous (attendre) .... un appel.

3. Tu (entendre) .... un bip.

4. Je (répondre) .... au téléphone.

5. La standardiste (attendre) .... parce que son correspondant est en ligne.

6. Vous (entendre) .... bien votre correspondant.

GRAMMAIRE

↘ Outil ling. n° 5 p. 50

5 Possibilités

Le verbe *pouvoir*

Complétez les SMS avec les formes correctes du verbe *pouvoir*.

1. Tu .... appeler la société BRH ? Franck
2. Vous .... me contacter ? Merci, Mme Georges
3. Je ne .... pas travailler demain. Prisca
4. M. Frison ne .... pas assister à la réunion. Jean
5. Nous .... aller à Nice ? Julie
6. Thomas et Éric .... t'expliquer le projet ce soir. Brigitte

VOCABULAIRE

↘ Retenez p. 42

6 Numéros de téléphone

Écrivez les numéros de téléphone en chiffres ou en lettres.

Zéro deux, cinquante-trois, vingt-huit, quatre-vingt-dix, zéro trois

☎ **1.** ....

Zéro six, quarante et un, quatre-vingt-neuf, quarante-cinq, cinquante-sept

☎ **2.** ....

01 36 19 62 96

☎ **3.** ....

05 29 16 00 80

☎ **4.** ....

B Je te rappelle !

GRAMMAIRE

↘ Outil ling. n° 1 p. 50

7 Vie sociale

Les pronoms personnels *te* et *vous*

Faites des phrases à partir des éléments donnés et conjuguez les verbes.

1. Je / te (t') / appeler lundi ....

2. L'assistante / vous / téléphoner ....

3. Nous / te (t') / inviter au restaurant ....

4. Le directeur / vous / écouter ....

Mémo

Les verbes s'accordent avec les sujets.

5. Les stagiaires / te (t') / regarder ....

6. Mickaël / vous / expliquer le dossier ....

7. Ta collègue / te (t') / présenter un client ....

8. Je / vous / parler ....

GRAMMAIRE

↘ *Outil ling. n° 2 p. 50*

8 De bonnes raisons

Mémo

Parce que devient *parce qu'* devant une voyelle ou un *h*.

Parce que

Choisissez les raisons pour répondre aux questions. Notez la lettre.

a. parce qu'elle est la responsable du service.
b. parce qu'ils préparent une conférence internationale.
c. parce qu'il travaille pour une société japonaise.
d. parce que j'ai un rendez-vous important.
e. parce que je vais aux États-Unis bientôt.
f. parce que nos clients sont à l'étranger.
g. parce que nous cherchons un numéro de téléphone.

1. – Pourquoi tu vas à Rouen ? ....

2. – Pourquoi Mme Lemerle fait le planning ? ....

3. – Pourquoi les directeurs ont une réunion ? ....

4. – Pourquoi tu demandes un visa ? ....

5. – Pourquoi vous voyagez souvent ? ....

6. – Pourquoi Gilles habite au Japon ? ....

7. – Pourquoi vous regardez le fichier ? ....

VOCABULAIRE

↘ *Retenez p. 45*

9 C'est quand ?

La date et les jours de la semaine

A. Regardez le calendrier et répondez aux questions.

1. Le 24 avril, *c'est un mercredi.*

2. Le 6 avril, c'est un ....

3. Le 16 avril, c'est un ....

4. Le 16 mai, c'est un ....

5. Le 12 juin, c'est un ....

6. Le 30 juin, c'est un ....

7. Le 1er juillet, c'est un ....

8. Le 19 juillet, c'est un ....

MARS	AVRIL	MAI	JUIN	JUILLET
Ve 1	Lu 1	Me Fête du travail 1	Sa 1	Lu 1
Sa 2	Ma 2	Je 2	Di 2	Ma 2
Di 3	Me 3	Ve 3	Lu 3	Me 3
Lu 4	Je 4	Sa 4	Ma 4	Je 4
Ma 5	Ve 5	Di 5	Me 5	Ve 5
Me 6	Sa 6	Lu 6	Je 6	Sa 6
Je 7	Di 7	Ma 7	Ve 7	Di 7
Ve 8	Lu 8	Me Victoire 1945 8	Sa 8	Lu 8
Sa 9	Ma 9	Je Ascension 9	Di 9	Ma 9
Di 10	Me 10	Ve 10	Lu 10	Me 10
Lu 11	Je 11	Sa 11	Ma 11	Je 11
Ma 12	Ve 12	Di 12	Me 12	Ve 12
Me 13	Sa 13	Lu 13	Je 13	Sa 13
Je 14	Di 14	Ma 14	Ve 14	Di Fête nationale 14
Ve 15	Lu 15	Me 15	Sa 15	Lu 15
Sa 16	Ma 16	Je 16	Di 16	Ma 16
Di 17	Me 17	Ve 17	Lu 17	Me 17
Lu 18	Je 18	Sa 18	Ma 18	Je 18
Ma 19	Ve 19	Di Pentecôte 19	Me 19	Ve 19
Me 20	Sa 20	Lu 20	Je 20	Sa 20
Je 21	Di 21	Ma 21	Ve 21	Di 21
Ve 22	Lu 22	Me 22	Sa 22	Lu 22
Sa 23	Ma 23	Je 23	Di 23	Ma 23
Di Rameaux 24	Me 24	Ve 24	Lu 24	Me 24
Lu 25	Je 25	Sa 25	Ma 25	Je 25
Ma 26	Ve 26	Di 26	Me 26	Ve 26
Me 27	Sa 27	Lu 27	Je 27	Sa 27
Je 28	Di 28	Ma 28	Ve 28	Di 28
Ve 29	Lu 29	Me 29	Sa 29	Lu 29
Sa 30	Ma 30	Je 30	Di 30	Ma 30
Di Pâques 31		Ve 31		Me 31

B. Précisez les jours fériés.

1. Quel est le jour de Pâques ? → *C'est le dimanche 31 mars.*

2. Quel est le jour de la Fête du travail ? → ....

3. Quel est le jour de la Victoire ? → ....

4. Quel est le jour de l'Ascension ? → ....

5. Quel est le jour de la Fête nationale ? → ....

COMMUNICATION
↘ *Retenez p. 44*

10 Conversation téléphonique

Retrouvez l'ordre du dialogue (numérotez les répliques).

.... **a.** – Allô, Mme Pinaut ?

.... **b.** – Merci bien, à tout à l'heure pour la réunion !

.... **c.** – Ah ! Bonjour Claire, vous allez bien ?

.... **d.** – Bonjour, c'est Claire Bonnal.

.... **e.** – Oui, c'est le 01 45 73 28 07.

.... **f.** – Oui, à tout à l'heure !

.... **g.** – Oui, très bien merci. Je vous téléphone parce que j'ai le dossier de Mme Blanc.

.... **h.** – Ah ! C'est bien ! Et vous avez son numéro de téléphone ?

.... **i.** – Oui, c'est moi.

COMPRÉHENSION
↘ *Outil ling. n° 4 p. 50*

11 Planning chargé

Des indicateurs de temps

Nous sommes le 3 mars aujourd'hui. Lisez les explications et corrigez l'agenda.
Ce soir, j'ai rendez-vous chez le dentiste à 18 h. Demain après-midi, j'étudie le budget.
Cet après-midi, je vais à Chambourcy à 14 h et j'ai une réunion au bureau à 16 h. Demain matin, je prépare une interview. Ce matin, je rencontre le président. Demain soir, je dîne avec Luc et Sophie.

Jeudi 3 mars	*Vendredi 4 mars*
8 h Dentiste	8 h ....
9 h	9 h ....
10 h Préparation interview	10 h Chambourcy
11 h	11 h ....
12 h Sophie et Luc	12 h ....
13 h	13 h ....
14 h	14 h ....
15 h Budget	15 h Réunion bureau
16 h	16 h ....
17 h	17 h ....
18 h	18 h ....
19 h Rencontre président	19 h ....

COMMUNICATION

↘ *Outil ling. n° 4 p. 50*

12 Journées bien remplies

Des indicateurs de temps

Lisez les pages de l'agenda et écrivez un texte pour expliquer votre planning. Nous sommes le mardi 13 septembre.

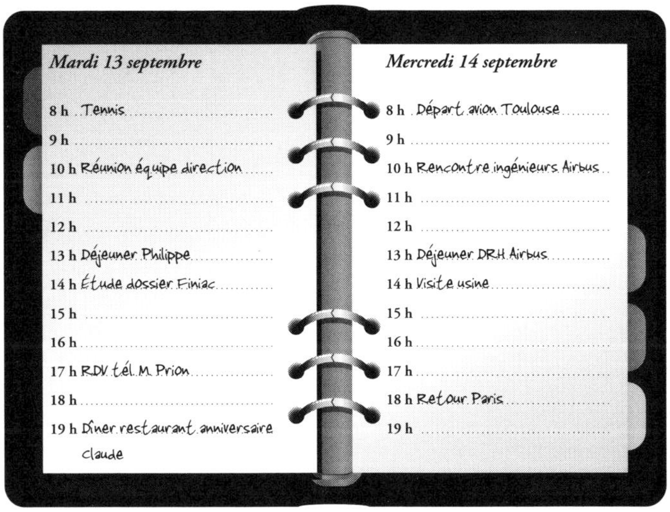

....

GRAMMAIRE

↘ *Outil ling. n° 3 p. 50*

13 Tu es où ?

La préposition *à*

Complétez les phrases avec *au*, *à la* ou *à l'* et le lieu.

1. Je suis ....

2. Je suis ....

3. Je suis ....

Tu es où ?

4. Je suis ....

5. Je suis ....

Mémo

Pour localiser, on utilise la préposition *à* et ses formes contractées :
à + ville ;
au + lieu commun ou pays masculin (~~à le~~ → *au*) ;
à la + lieu commun féminin ;
à l' + lieu commun masculin ou féminin commençant par une voyelle.
! On utilise *en* avec les noms de pays féminins et les noms de pays commençant par une voyelle.

6. Je suis ....

VOCABULAIRE
COMMUNICATION
↘ *Retenez p. 45*

14 Temps libre

Le vocabulaire des loisirs et activités culturelles

A. Complétez le sondage avec les verbes qui correspondent : *aller / visiter / écouter / regarder / faire* (attention à la conjugaison !).

B. Répondez au sondage pour parler de vos loisirs.

QU'EST-CE QUE VOUS FAITES PENDANT VOTRE TEMPS LIBRE ?

Âge : .... Sexe : ....

	souvent	quelquefois	rarement	jamais
1. Vous .... au théâtre.	❑	❑	❑	❑
2. Vous .... la télé.	❑	❑	❑	❑
3. Vous .... au cinéma.	❑	❑	❑	❑
4. Vous .... au spectacle.	❑	❑	❑	❑
5. Vous .... au concert.	❑	❑	❑	❑
6. Vous .... du sport.	❑	❑	❑	❑
7. Vous .... des expositions.	❑	❑	❑	❑
8. Vous .... des musées.	❑	❑	❑	❑
9. Vous .... des conférences.	❑	❑	❑	❑
10. Vous .... des DVD.	❑	❑	❑	❑
11. Vous .... au restaurant.	❑	❑	❑	❑

C Textos efficaces !

GRAMMAIRE
↘ *Outil ling. n° 7 p. 51*

15 Pour finir, il faut choisir

Les verbes en –IR

Complétez la grille avec les formes correctes des verbes *choisir* et *finir*.

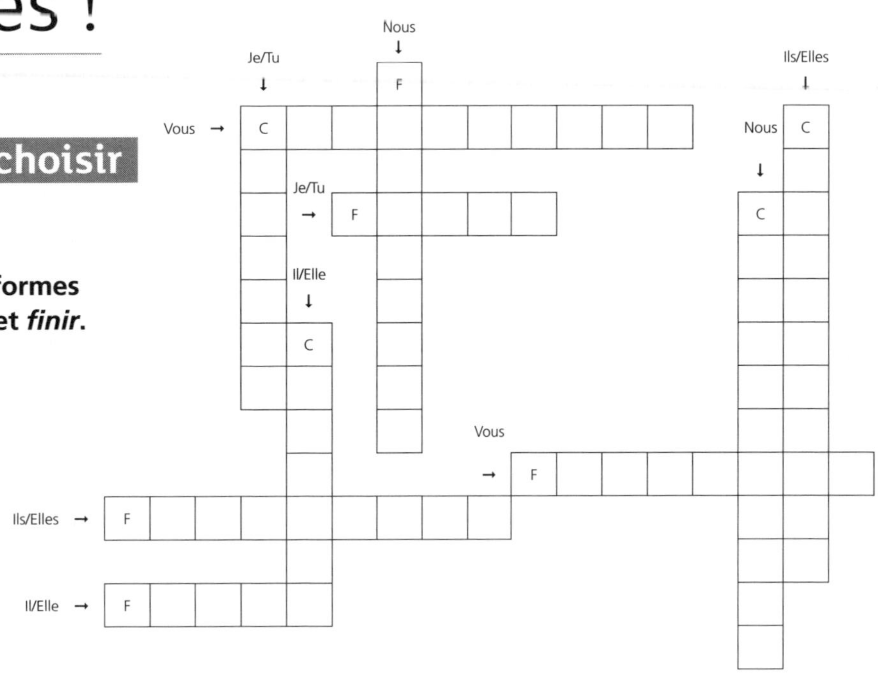

COMPRÉHENSION
COMMUNICATION

16 Invitations en série

A. Lisez les invitations et complétez le tableau.

Invitation 1

Salon de l'automobile
RENAULT

À l'occasion de l'inauguration du salon,
nous vous invitons à un cocktail
sur notre stand
(invitation pour 2 personnes)
Mercredi 18 janvier, à 18 h 30
Parc des expositions. Stand 8

Invitation 2

À :
De :
Objet :

Salut Franck,
Je t'invite à une fête
vendredi soir à 21 h chez moi,
à l'occasion de mon anniversaire.
Bises,
Sarah

Mon adresse :
26 bd St-Germain - 75006 Paris

Invitation 3

À l'occasion du lancement
du produit « Cirella »,
le responsable marketing
invite tous les collaborateurs
à une réunion d'information
le jeudi 2 mars à 15 h
dans la salle de réunion.

Invitation 4

À l'occasion de leur mariage,
Paul et Sophie
vous invitent à un dîner
au restaurant
« Le Bleuet »,
le samedi 8 juillet
à 20 h.

	Invitation 1	Invitation 2	Invitation 3	Invitation 4
Qui invite ?	Renault	...	...	...
Qui est invité ?	...	Franck	...	...
Quand ?	...	...	Le jeudi 2 mars à 15 h	...
Où ?	...	...	...	Restaurant « Le Bleuet »
Pourquoi ?	...	...	Lancement du produit « Cirella »	...
Pour quoi faire ?	Un cocktail	...	...	...

B. Sur une feuille à part, rédigez les invitations qui correspondent aux fiches suivantes.

Qui invite ?	La mairie	Le DRH
Qui est invité ?	Vous	Les collaborateurs
Quand ?	Le 14 juillet à 18 h	Le 10 février à 12 h
Où ?	Salle des fêtes	Salle de restaurant
À quelle occasion ?	La Fête nationale	Ouverture du nouveau restaurant
Pour quoi faire ?	La projection du film *Marianne*	Apéritif

C. Relisez l'invitation n° 1 et complétez le message.

À : Béatrice
De : Pascal
Signature : Pro
Objet : Salon de l'automobile

.... Béatrice,

J'ai une .... pour 2 .... pour un .... mercredi à 18 h 30 sur le .... de Renault au Salon de l' .... Tu .... les voitures alors je t' .... Tu es .... mercredi à 18 h 30 ?

Bises, Pascal

D Vous avez un nouveau message

COMMUNICATION

↘ *Retenez p. 49*
↘ *Repères professionnels p. 55*

17 Merci pour l'info !

Voici un message amical de Benoît. Transformez ce message en message formel sur une feuille à part.

Nouveau message

Envoyer Discussion Joindre Adresses Polices Couleurs Enr. brouillon Navigateur de photos Afficher les modèles

À : Nathalie
De : Benoît
Signature : Pro
Objet : Coordonnées

Salut,
Je n'ai pas les coordonnées de ton employeur.
Peux-tu me communiquer l'adresse et le numéro de téléphone, s'il te plaît ?
Bises, Benoît

GRAMMAIRE

↘ *Outil ling. n° 6 p. 50*
↘ *Repères culturels p. 54*

18 Règles de politesse

Le verbe *devoir*

Complétez les phrases avec la forme correcte du verbe *devoir*.

1. Je ne .... pas téléphoner le dimanche.

2. Nous .... couper notre téléphone portable au restaurant.

3. Julie .... mettre son téléphone en « mode vibreur » au bureau.

4. Tu ne .... pas téléphoner après 21 h.

5. Vous ne .... pas crier au téléphone.

6. Les conducteurs ne .... pas téléphoner en voiture.

GRAMMAIRE

↘ *Outils ling. n° 5 et 6 p. 50*

19 Entre pouvoir et devoir

Les verbes *pouvoir* et *devoir*

Barrez la phrase qui ne convient pas à la situation.

1. En classe	**a.** Je dois poser des questions.	**b.** Je peux poser des questions.
2. Au téléphone	**a.** Je dois dire bonjour.	**b.** Je peux dire bonjour.
3. Au restaurant	**a.** Je dois payer.	**b.** Je peux payer.
4. Dans le train	**a.** Je dois téléphoner.	**b.** Je peux téléphoner.
5. Au bureau	**a.** Je dois travailler.	**b.** Je peux travailler.

GRAMMAIRE

↘ *Outil ling. n° 8 p. 51*

20 Questions importantes

L'interrogation fermée

Remettez les mots dans l'ordre pour trouver les questions.

1. le / est-ce / avez / de / téléphone / que / la / numéro / banque / de / vous / ?

....

2. envoyer / qu' / doit / il / un / demain / message / est-ce / ?

....

3. téléphone / as / est-ce / tu / un / que / portable / ?

....

4. pouvons / est-ce / messagerie / nous / que / consulter / la / ?

....

VOCABULAIRE

↘ *Repères professionnels p. 55*

21 Parlez-vous informatique ?

Le vocabulaire informatique

Associez chaque icône de votre ordinateur à sa signification.

a. •	**b.** •	**c.** •	**d.** •	**e.** •	**f.** •	**g.** •	**h.** •
• **1.** Expéditeur	• **2.** Envoyer	• **3.** Joindre	• **4.** Destinataire	• **5.** Coller	• **6.** Imprimer	• **7.** Enregistrer	• **8.** Transférer

PHONIE-GRAPHIE

22 Lettres muettes

Les finales non prononcées

Barrez les lettres finales qui ne se prononcent pas et lisez les phrases à haute voix.

1. Nous répondons au téléphone.

2. Je finis les fiches.

3. Tu dois envoyer un texto ?

4. Il attend un coup de téléphone.

5. Les directeurs choisissent le logo.

A Où souhaitez-vous partir ?

GRAMMAIRE
COMMUNICATION

↘ *Retenez p. 61*
↘ *Outil ling. n° 1 p. 68*

1 Dites-moi...

Les pronoms interrogatifs

Complétez le dialogue avec *où*, *qui* ou *quand*.

1. – .... sont les dossiers ?

– Au bureau.

2. – .... pouvez-vous téléphoner aux clients ?

– Demain matin.

3. – .... travaille avec vous ?

– M. Mariani et Melle Percheron.

4. – .... allez-vous à New York ?

– Le 20 juin.

5. – .... prépare le voyage ?

– Notre assistante.

6. – .... elle achète les billets ?

– À l'agence de voyage.

PHONIE-GRAPHIE

2 Lieu ou choix ?

Mémo

Où (avec un accent) indique un lieu et *ou* (sans accent) indique un choix. Leurs prononciations sont identiques.
*Ex. : **Où** habites-tu ? Vous allez à Paris **ou** à Bordeaux ?*

Complétez en choisissant entre *ou* et *où*.

1. Tu prends le train .... l'avion ?

2. Pierre, c'est ton nom .... ton prénom ?

3. .... est ton bureau ?

4. Nous avons rendez-vous avec le directeur financier .... avec le directeur marketing ?

5. Ton assistante prend le bus .... ?

VOCABULAIRE

↘ *Vocabulaire p. 61*

3 Petit service

Complétez le mail avec les mots suivants : *abonnement, aller-retour, classe, départ, partir, réservation, retour, train*.

À : bridalle@tele3.fr
De : m.folio@yahoo.fr — Signature : Pro
Objet : Réservation

Brigitte,

Je vais à Nantes en .... le 12 février. Pouvez-vous faire ma .... s'il vous plaît ? Je voudrais un billet .... Je souhaite avoir un .... le matin à 7 heures en 1re ....

J'ai un .... « Grand voyageur » (numéro 6743).

Pour le .... , je voudrais .... de Nantes à 18 heures.

Merci d'avance, M. Folio

GRAMMAIRE

↘ Outil ling. n° 8 p. 69

4 Départs en masse !

Le verbe *partir*

Complétez les SMS avec les formes correctes du verbe *partir*.

1. Nous par.......... au Mexique jeudi. Jean
2. Je par.......... au Danemark avec toi. Fabrice
3. Vous par.......... en Tunisie quand ? Joël
4. Les commerciaux par.......... au Brésil en mai. Valérie
5. Tu par........ à Madagascar pour les vacances ? Vincent
6. Le train par........... à quelle heure ? Stéphanie
7. Mme Mignot par.......... en mission au Vietnam. Christian

COMMUNICATION

↘ Retenez p. 61

5 À votre service !

A. Dites qui parle. Cochez la bonne case.

	L'agent de voyage	Le client
1. Non, ma femme participe au voyage.		
2. Oui, pour quelle destination ?		
3. Quand souhaitez-vous partir ?		
4. C'est parfait ! Merci !		
5. Je souhaite un départ le 1er août et un retour le 14 août.		
6. D'accord, pour 1 personne ?		
7. Pour Tahiti.		
8. Bonjour madame, je voudrais faire une réservation, s'il vous plaît.		
9. Alors, vous avez un aller le 1er août, départ à 14 h 09 et un retour le 14 août, départ de Tahiti le soir.		

B. Remettez le dialogue dans l'ordre.

....

GRAMMAIRE

↘ Outil ling. n° 8 p. 69

6 Question de volonté

Le verbe *vouloir*

Complétez les dialogues avec les formes correctes du verbe *vouloir*.

Exemple : La cliente souhaite une place côté couloir ? → Non, elle veut une place côté fenêtre.

1. – Vous souhaitez prendre un ticket ? – Oui, je .... un aller-retour.

2. – Le contrôleur souhaite vérifier votre abonnement ? – Oui, il .... vérifier mon abonnement.

3. – Je souhaite voyager en 1re classe ! – D'accord, tu .... voyager en 1re classe.

4. – Les hôtesses souhaitent aider les voyageurs. – C'est vrai, elles .... les aider.

5. – Vous souhaitez regarder le plan du métro ? – Oui, s'il vous plaît, nous .... aller à Montparnasse.

6. – Nous souhaitons acheter un aller-retour. – D'accord, vous .... partir quel jour ?

Mémo

Pour demander poliment, dites : « je voudrais ». « Je veux » indique une volonté, un ordre.

B hotel.com

VOCABULAIRE
↘ *Retenez p. 63*

7 Mots cachés

Retrouvez 9 mots d'un descriptif d'hôtel (verticalement et horizontalement).

D	Z	B	A	C	C	U	E	I	L
E	O	Y	T	H	H	V	T	R	A
C	T	A	X	E	A	S	O	N	T
O	A	L	I	Z	M	U	I	W	R
R	R	P	D	V	B	B	L	X	I
A	I	U	O	Q	R	L	E	U	P
T	F	K	U	Y	E	P	N	B	L
I	J	D	B	D	O	U	C	H	E
O	O	A	L	I	A	E	J	N	T
N	I	S	E	R	V	I	C	E	S

GRAMMAIRE
↘ *Outil ling. n° 3 p. 68*

8 Un hôtel pour vous !

Les adjectifs qualificatifs

A. Lisez la publicité pour l'hôtel Azur et faites la même pour l'Auberge du Nord.

L'hôtel Azur

grand — confortable
beau — joli
agréable — accueillant
exceptionnel — moderne

C'est un hôtel pour vous !

L'Auberge du Nord

....
....
....
....

c'est une auberge pour vous !

Mémo
On utilise « c'est » à la place de « il est » pour faire une présentation.

B. Décrivez l'hôtel avec des phrases complètes. Faites attention à la place de l'adjectif !

1. *C'est un grand hôtel.*
2. C'est ....
3. C'est ....
4. C'est ....
5. C'est ....
6. C'est ....
7. C'est ....
8. C'est ....

GRAMMAIRE
PHONIE-GRAPHIE
↘ *Outil ling. n° 3 p. 68*

9 Personnel irréprochable

Les adjectifs qualificatifs

Choisissez l'adjectif qui convient.

À l'hôtel restaurant Neptune.

1. Les femmes de chambres sont **gentil / gentille / gentils / gentilles**.

2. Les portiers sont **sympathique / sympathiques**.

3. Les serveuses sont **souriant / souriante / souriants / souriantes**.

4. Le maître d'hôtel est **élégant / élégante / élégants / élégantes**.

5. Le chef cuisinier est **compétent / compétente / compétents / compétentes**.

6. Alors, les clients sont **content / contente / contents / contentes**.

GRAMMAIRE

↘ *Outil ling. n° 3 p. 68*

Mémo

– Devant une voyelle ou un *h* : *nouveau* → *nouvel*.
– *Nouveau(x) / nouvel / nouvelle(s)* se placent avant le nom.

10 Nouveautés

Les adjectifs qualificatifs

Complétez les affiches avec la forme correcte : *nouveau / nouvel / nouvelle / nouveaux / nouvelles.*

❶ ....

❷ ....

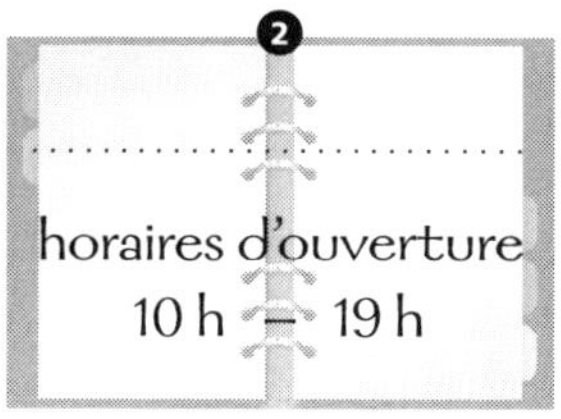

❸ ....

adresse du magasin :
4 rue Chopin

❹ ....

numéro de téléphone

GRAMMAIRE

↘ *Outils ling. n° 3 p. 16 et n° 5 p. 35*

11 Mission à Nantes

Les articles définis et indéfinis

A. Soulignez chaque article défini et son nom. Entourez chaque article indéfini et son nom puis trouvez la règle d'utilisation des articles définis et indéfinis.

À : Adrien
De : Marianne
Signature : Pro
Objet : Réservation d'hôtel

Bonjour Adrien,

Je m'occupe de nos réservations pour notre voyage à Nantes. Je connais un hôtel dans le centre de la ville à côté d'une station de tramway. Les chambres sont confortables et l'hôtel propose un petit déjeuner continental. Il y a un jardin et un parking privé pour les clients. Les employés sont sympathiques et le service est impeccable.

Est-ce que tu veux une chambre avec une connexion Internet ? J'attends ta réponse pour téléphoner.

Bonne journée,
Marianne

B. Mettez les articles dans la réponse d'Adrien.

À : Marianne
De : Adrien
Signature : Pro
Objet : Re: Réservation d'hôtel

Salut Marianne,

Merci pour ton message. Moi aussi je connais .... hôtel à Nantes. C'est .... hôtel Novatel, il est à côté de .... gare de Nantes et pas loin de .... station de tramway. C'est vraiment pratique et c'est .... bon hôtel. .... numéro de téléphone est le 02 86 43 83 21.

Nous devons faire .... proposition à M. Gillot. Est-ce que tu peux envoyer .... message à son assistante ? Je prépare .... dossier Axis et j'ai .... rendez-vous avec .... directeur commercial de .... société Bristol mardi.

Si tu as .... questions, téléphone-moi.

À plus tard,
Adrien

COMPRÉHENSION

12 Réservation

Lisez le message et complétez la fiche.

À : reception@hotelgrandpavois.fr
De : Édith Aurelle
Signature : Pro
Objet : Réservation d'hôtel

Monsieur,

Nous souhaitons faire une réservation au nom de la société G.R.A.

Voici les détails de la réservation : 2 chambres doubles avec douche pour 4 nuits pour 2 personnes. Elles arrivent le 6 juin et repartent le 10 juin. Nous souhaitons une connexion Internet dans chaque chambre.

Voici les noms des personnes :
Mme Sophie Lancelot
et Melle Géraldine Maire

Vous pouvez me contacter
au 01 32 54 87 03 pour toute information.

Cordialement,
Édith Aurelle

Hôtel Le Grand Pavois — Fiche de réservation

Date d'arrivée : ....
Date de départ : ....
Nombre de personnes : ......
Nombre de nuits : ......
Type de chambre : ....
Nombre de chambres : ....

Coordonnées du contact
Nom et prénom : ....
Société : ....
Tél. : ....

COMMUNICATION
↘ *Retenez p. 63*

13 Je voudrais une chambre

Lisez la fiche de réservation de l'Hôtel du Lac et complétez le dialogue au téléphone.

– Hôtel du Lac bonjour !
– Bonjour madame, je voudrais réserver une chambre.
– Oui, pour combien de nuits ?
– ....
– Et vous arrivez quand ?
– ....
– Vous souhaitez quel type de chambre ?
– ....
– C'est pour combien de personnes ?
– ....
– C'est à quel nom ?
– ....
– Vous avez un numéro de téléphone ?
– ....
– Et un numéro de portable ?
– ....
– C'est noté, monsieur.
– Merci beaucoup, au revoir madame.
– Au revoir monsieur.

Hôtel du Lac

Fiche de réservation

Date d'arrivée : 13 avril
Date de départ : 16 avril
Nombre de personnes : 1
Nombre de nuits : 3
Type de chambre : double avec salle de bains

Coordonnées
Nom : Pierron
Prénom : Martin
Société : /
Tél. : 03 54 39 06 76
Mobile : 06 54 38 99 41
Fax : /

C. Au quatrième !

GRAMMAIRE
↘ Outil ling. n° 4 p. 69

14 Le bon étage

Les adjectifs ordinaux

Regardez le numéro de l'étage et complétez les bulles comme dans l'exemple.

(6) *Au sixième étage s'il vous plaît !*

(RdeC) L'accueil se trouve au ....

(1) Madame, votre chambre se trouve au .... étage.

(5) Nous montons au .... étage pour la réunion.

(2) Vous allez au .... étage ?

COMPRÉHENSION
↘ Retenez p. 65

15 Rendez-vous

Les prépositions de localisation

Notez le numéro du SMS à l'endroit du rendez-vous.

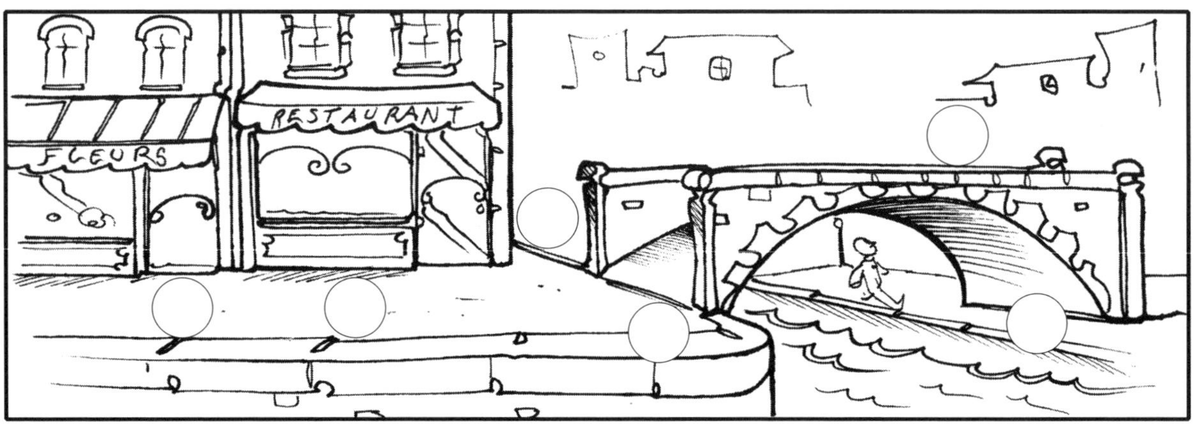

1. Rendez-vous devant le restaurant. Brice
2. Rendez-vous sous le pont. Patrick
3. Rendez-vous à droite du pont. Gabriel
4. Rendez-vous sur le pont. Elliot
5. Rendez-vous entre le pont et le restaurant. Clara
6. Rendez-vous à gauche du restaurant. Gérard

VOCABULAIRE
GRAMMAIRE

↘ *Retenez p. 65*
↘ *Outil ling. n° 5 p. 69*

Mémo
de + le = du
de + la = de la
de + l' = de l'
de + les = des

16 Boutiques et services

La localisation et les articles contractés

Regardez le plan et localisez les commerces de l'aéroport.
Utilisez : *à côté de / derrière / entre / en face de* et les articles corrects.

1. La confiserie est .... bijouterie.
2. La boutique de parfums et de cosmétiques est .... boutique de souvenirs.
3. La boutique de mode est .... confiserie.
4. La bijouterie est .... magasin de souvenirs.
5. La maroquinerie est .... guichet d'Air France.
6. La librairie est .... boutique de mode et la maroquinerie.
7. Le salon VIP est .... tabac.

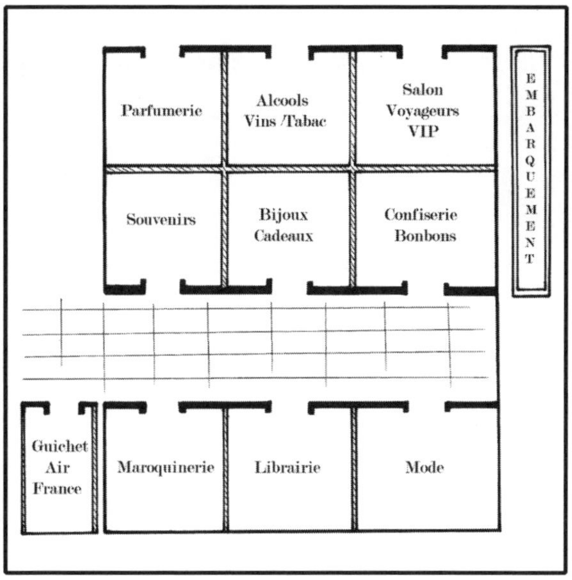

VOCABULAIRE

↘ *Retenez p. 65*

17 Comptabilité

Les nombres jusqu'à mille

Écrivez les sommes en chiffres ou en lettres.

1. Deux cent trente-cinq euros : ....
2. Cent quarante-quatre euros vingt : ....
3. Quatre cents euros : ....
4. Mille vingt-quatre euros : ....
5. 759 € : ....
6. 393 € : ....
7. 676 € : ....
8. 197,50 € : ....

GRAMMAIRE

↘ *Outil ling. n° 8 p. 69*

18 Les dérivés de prendre

Les verbes en *–DRE*

A. Choisissez le verbe qui convient (plusieurs possibilités).

	• le français
Prendre • ——→	• un billet
Apprendre •	• la grammaire
Comprendre •	• le bus
	• le planning
	• l'avion

B. Faites des phrases avec le verbe qui convient.

1. J' .... le français.
2. Tu .... un billet.
3. Il / Elle .... la grammaire.
4. Nous .... le bus.
5. Vous .... le planning.
6. Ils / Elles .... l'avion.

D. Qu'est-ce qu'on fait ce soir ?

COMMUNICATION

↘ *Retenez p. 66-67*

19 Demande de renseignements

A. Retrouvez les questions posées.

1. vous / est / la / s'il / où / poste / plaît / ? ....

2. des / est-ce qu'/ ici / toilettes / il y a / ? ....

3. est / vous / la / savez / banque / où / ? ....

4. distributeur / il y a / escaliers / à côté / un / des / ? ....

5. l' / la / est / à / côté / est-ce que / hôtel / gare / de ? ....

B. Pour chaque question du A, entourez la réponse qui convient.

1.	**a.** – Désolé, je ne sais pas.	**b.** – Oui, il y a une poste.
2.	**a.** – Bien sûr madame.	**b.** – Elles sont modernes.
3.	**a.** – C'est la Banque de l'Ouest.	**b.** – En face de la poste.
4.	**a.** – Elle est juste à côté du restaurant.	**b.** – Non, monsieur. Il est à droite de la gare.
5.	**a.** – Oui, il y a la gare.	**b.** – Non, il est à côté de la poste.

Mémo

Les verbes *prendre*, *apprendre* et *comprendre* ont la même conjugaison.

VOCABULAIRE

↘ *Retenez p. 66*

20 Spécificités

Associez les éléments de chaque colonne.

Moyen de transport	Lieu	Titre de transport	Le voyage	Les personnes
Bus Métro Avion Train	Aéroport Arrêt Gare Station	Billet Ticket	Trajet vol	Chauffeur Conducteur Pilote

1. .... → .... → .... → .... → ....

2. .... → .... → .... → .... → ....

3. .... → .... → .... → .... → ....

4. .... → .... → .... → .... → ....

COMMUNICATION

↘ *Retenez p. 66*

21 Moyens de locomotion

Les prépositions *en* / *à*

Donnez la façon de dire équivalente.

Exemple : Pour aller au bureau, je prends le bus. → Je vais au bureau en bus.

1. Pour aller à Bruxelles, nous prenons le train. ....

2. Pour rentrer à la maison, les employés prennent le métro. ....

Mémo

En est associé à *voiture, avion, train, métro, bus.*
À est associé à *moto, vélo, pied.*

3. Pour livrer les pizzas, Luc prend sa moto. ....

4. Pour aller à la réunion, Pierre prend la voiture. ....

5. Pour aller à Madrid, les hommes d'affaires prennent l'avion. ....

6. Pour aller à mon rendez-vous, je prends un taxi. ....

7. Pour aller travailler, Judith prend son vélo. ....

VOCABULAIRE

↘ *Retenez p. 67*

22 C'est l'heure !

L'heure

A Associez l'heure officielle aux cadrans.

1. Il est zéro heure cinq. •

2. Il est vingt-deux heures dix. •

3. Il est quatorze heures cinquante-cinq. •

4. Il est neuf heures quinze. •

5. Il est dix-huit heures trente. •

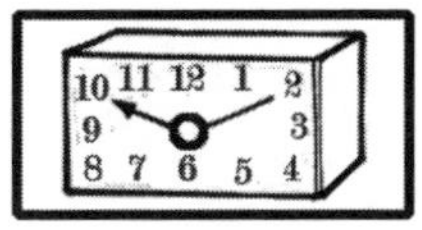
• a.

• b.

• c.

• d.

• e.

B Écrivez l'heure officielle et non officielle correspondant aux cadrans.

1.  ....

2. .... 

3. 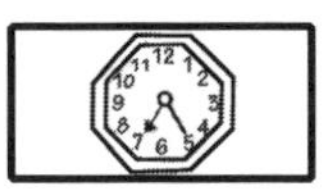 ....

4. .... 

GRAMMAIRE

↘ *Outil ling. n° 8 p. 69*

23 Verbes croisés

Le verbe *descendre*

Placez toutes les formes du verbe *descendre* conjugué au présent dans la grille.

GRAMMAIRE

↘ *Outil ling. n° 8 p. 69*

24 Indications

La conjugaison des verbes au présent

A. Conjuguez correctement les verbes entre parenthèses.

À : Pauline
De : Nicole
Signature : Pro
Objet : Soirée

Bonjour Pauline,

Je te (confirmer)................................... la soirée de vendredi pour l'anniversaire d'Éric. Voici les indications pour le train :

Tu (devoir) .... prendre le train de banlieue.

Tu (aller) .... à la gare Montparnasse et tu (prendre) ....un billet pour Plaisir. Si tu (finir) .... ton travail à 18 h 30, tu (pouvoir) .... prendre le train de 19 h 23. Il (être).................................. direct.

À la gare de Plaisir, tu (monter) .... dans le bus 213. J'(habiter) .... à 5 minutes de la gare. Tu (descendre) ....à l'arrêt Brassens dans ma rue. Je suis au numéro 45.

À vendredi,

Nicole

PS : Tu (pouvoir).............................apporter une boisson si tu (vouloir) ....

B. Nicole écrit le même message à Pascal et Sylvie.

Nouveau message

Envoyer Discussion Joindre Adresses Polices Couleurs Enr. brouillon Navigateur de photos Afficher les modèles

À :
De :
Signature : Pro
Objet :

Bonjour Pascal et Sylvie,

Je vous ....

....

....

....

....

....

....

....

....

....

....

GRAMMAIRE

↘ *Outil ling. n° 2 p. 68*

25 Bienvenue sur les routes de France

L'impératif des verbes

Mémo

Pour l'impératif des verbes en –ER : même conjugaison qu'au présent mais pas de « s » à l'impératif singulier à la 2e personne.
Pour les autres verbes, même conjugaison qu'au présent.
Exceptions :
être : sois, soyons, soyez
avoir : aie, ayons, ayez
vouloir : veuillez
savoir : sache, sachons, sachez

Donnez ces conseils à un ami puis à vos collègues.

Pour partir tranquille :

1. Choisir l'itinéraire → ....

....

2. Noter sur une feuille les grandes villes à traverser → ....

....

3. Faire le plein d'essence → ....

....

4. Partir après une bonne nuit de sommeil → ....

....

5. Éviter les boissons alcoolisées → ....

....

6. Ranger les bagages dans le coffre de la voiture → ....

....

7. Avoir des jeux pour les enfants → ....

....

8. Prendre une bouteille d'eau → ....

....

COMMUNICATION

26 Qu'est-ce qu'on fait ?

Remettez les phrases du dialogue dans l'ordre.

...... **a.** – 11 heures et demie.

...... **b.** – Prenons un taxi. Le dimanche, il n'y a pas beaucoup de bus.

...... **c.** – Bonne idée. Il y a des petits restaurants sympathiques juste à côté de la plage.

...... **d.** – D'accord. On prend le bus ou un taxi ?

...... **e.** – Et après le déjeuner, on peut visiter le vieux quartier. Je ne le connais pas.

...... **f.** – Il fait beau, qu'est-ce qu'on fait ?

...... **g.** – On peut sortir et aller manger sur le port.

...... **h.** – Quelle heure est-il ?

Compréhension des écrits (30 minutes)

Exercice 1 : Nouvelle parfumerie

Vous travaillez en France dans le secteur des cosmétiques. Lisez le courriel d'un partenaire.

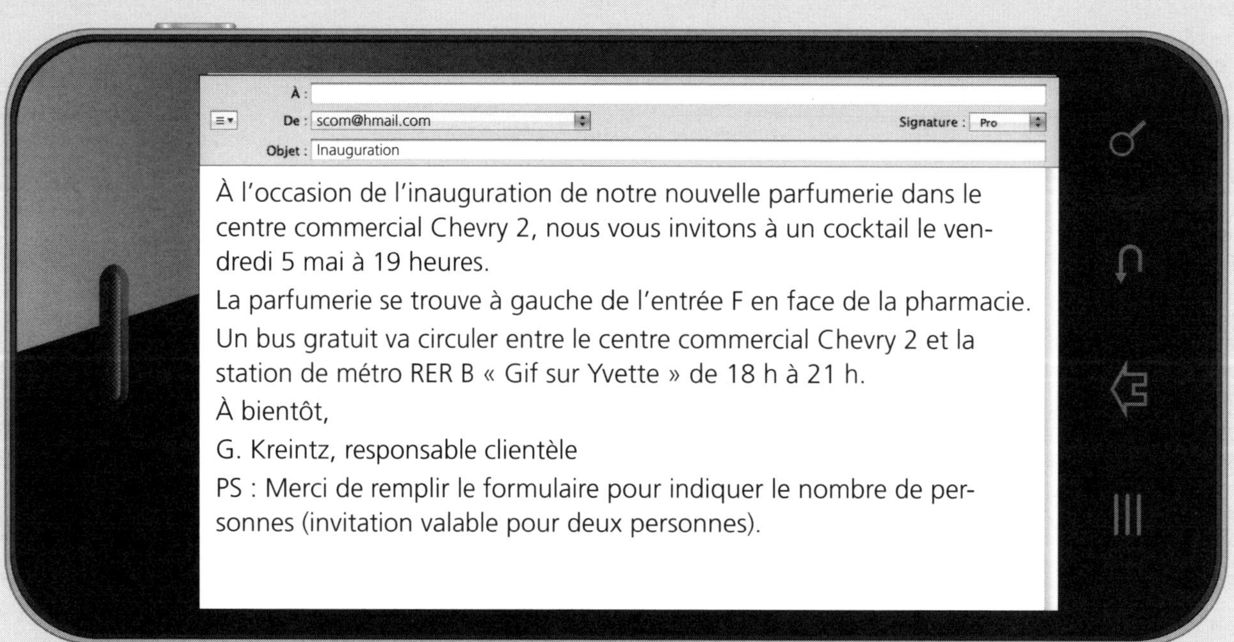

À :
De : scom@hmail.com
Signature : Pro
Objet : Inauguration

À l'occasion de l'inauguration de notre nouvelle parfumerie dans le centre commercial Chevry 2, nous vous invitons à un cocktail le vendredi 5 mai à 19 heures.

La parfumerie se trouve à gauche de l'entrée F en face de la pharmacie.

Un bus gratuit va circuler entre le centre commercial Chevry 2 et la station de métro RER B « Gif sur Yvette » de 18 h à 21 h.

À bientôt,

G. Kreintz, responsable clientèle

PS : Merci de remplir le formulaire pour indiquer le nombre de personnes (invitation valable pour deux personnes).

Répondez aux questions ou cochez (☑) la bonne réponse.

1. C'est un message…
- ❑ **a.** pour vous inviter à un événement.
- ❑ **b.** pour vous informer d'une nouvelle ligne de métro.
- ❑ **c.** pour fixer une date de réunion.

2. La parfumerie est…
- ❑ **a.** en face de la station de métro.
- ❑ **b.** dans une rue commerçante.
- ❑ **c.** à proximité d'une pharmacie.

3. À quelle heure a lieu l'inauguration ?

……………………………………………………………

4. Pour aller à cette inauguration, vous devez…
- ❑ **a.** réserver une place de bus.
- ❑ **b.** compléter et renvoyer un document.
- ❑ **c.** répondre au message.

5. Est-ce vous pouvez venir avec une personne de votre choix ? ❑ Oui ❑ Non

Exercice 2 : Un message téléphonique

Vous travaillez à l'accueil téléphonique d'une entreprise francophone. Lisez le message téléphonique.

Message téléphonique

Destinataire : M. Jean Francillon

Date : 05/06 Heure : 8 h 45

De la part de : M. Fabert

Société : Lalune

Tél. : 08 02 45 78 12 Mail :

Merci de rappeler + Urgent +

Objet de l'appel : Demande un rendez-vous mardi matin à 10 h pour préparer le salon de l'hôtellerie

Message reçu par : Delphine

Répondez aux questions ou cochez (☑) la bonne réponse.

1. Qui téléphone ? ……………………………………………

2. La personne téléphone…

❑ **a.** en mai. ❑ **b.** en juin. ❑ **c.** en juillet.

3. Dans quelle entreprise travaille M. Fabert ?

……………………………………………………………

4. M. Fabert…
❑ **a.** précise l'heure et la date d'un rendez-vous.
❑ **b.** demande des informations.
❑ **c.** rappelle demain matin.

5. M. Francillon doit rappeler M. Fabert. ❑ Oui ❑ Non

Production écrite (30 minutes)

Exercice : Rédiger des messages simples pour décrire, expliquer

UN COURRIEL D'INVITATION

Vous finissez votre mission en France et vous rentrez dans votre pays. Vous invitez des amis au restaurant pour fêter votre départ. Vous écrivez un courriel d'invitation. Vous précisez : les coordonnées du restaurant (l'adresse et la localisation), les moyens de transport pour aller au restaurant, la date et l'heure du rendez-vous. Vous écrivez un texte de 40 à 50 mots sur une feuille à part.

Production et interactions orales

Exercice : Dialogue simulé

OBJECTIF : Réagir à une situation professionnelle simple.

Vous organisez un déplacement en France. Vous allez à Bruxelles les 25 et 26 mars. Vous partez le matin de Paris et vous revenez de Bruxelles le soir. Vous téléphonez à la SNCF pour réserver un billet de train. Vous demandez les horaires de départ et d'arrivée et le prix du billet. Vous réservez un aller-retour. Vous demandez une place côté fenêtre pour l'aller et une place côté couloir pour le retour. Vous donnez votre nom. L'examinateur joue le rôle de l'employé de la SNCF.

Gares de départ et d'arrivée	Horaires	Train(s)	Durée : 01 h 25
PARIS NORD BRUXELLES MIDI	06 h 55 08 h 20	9409	
Gares de départ et d'arrivée	Horaires	Train(s)	Durée : 01 h 25
PARIS NORD BRUXELLES MIDI	07 h 55 09 h 20	9313	
Gares de départ et d'arrivée	Horaires	Train(s)	Durée : 01 h 25
PARIS NORD BRUXELLES MIDI	08 h 55 10 h 20	9317	
Gares de départ et d'arrivée	Horaires	Train(s)	Durée : 01 h 25
PARIS NORD BRUXELLES MIDI	09 h 55 11 h 20	9321	
Gares de départ et d'arrivée	Horaires	Train(s)	Durée : 01 h 25
PARIS NORD BRUXELLES MIDI	10 h 55 12 h 20	9425	
Gares de départ et d'arrivée	Horaires	Train(s)	Durée : 01 h 25
PARIS NORD BRUXELLES MIDI	11 h 55 13 h 20	9329	
Gares de départ et d'arrivée	Horaires	Train(s)	Durée : 01 h 25
BRUXELLES MIDI PARIS NORD	18 h 40 20 h 05	9452	
Gares de départ et d'arrivée	Horaires	Train(s)	Durée : 01 h 25
BRUXELLES MIDI PARIS NORD	19 h 40 21 h 05	9356	
Gares de départ et d'arrivée	Horaires	Train(s)	Durée : 01 h 25
BRUXELLES MIDI PARIS NORD	20 h 40 22 h 05	9460	
Gares de départ et d'arrivée	Horaires	Train(s)	Durée : 01 h 25
BRUXELLES MIDI PARIS NORD	21 h 40 23 h 05	9364	

A 24 heures avec une pro !

GRAMMAIRE
↘ Outil ling. n° 1 p. 84

1 Interrogations

Les formes interrogatives : soutenue, familière et standard

Transformez les questions sur les habitudes. Utilisez la forme standard (avec *est-ce que*).

Forme familière	Forme standard
1. Vous travaillez loin de chez vous ?	**1.** ....
2. À quelle heure vous prenez votre petit déjeuner ?	**2.** ....
3. Pourquoi vous vous levez tôt ?	**3.** ....
4. Vous avez beaucoup de réunions ?	**4.** ....
5. Où vous déjeunez ?	**5.** ....
6. Vous faites du sport quand ?	**6.** ....
7. Pourquoi vous ne prenez pas votre voiture ?	**7.** ....
8. Vous quittez votre bureau quand ?	**8.** ....

VOCABULAIRE
↘ Outil ling. n° 2 p. 84

2 Activités quotidiennes

Les verbes pronominaux

A. Barrez l'intrus.

1. s'endormir – se doucher – se laver
2. s'habiller – se préparer – se reposer
3. s'allonger – se maquiller – se raser
4. se lever – se réveiller – se coucher

B. Dans quels lieux se passent les activités quotidiennes énumérées dans le A ? Plusieurs réponses possibles.

– Dans une chambre : ....

– Dans une salle de bains : ....

GRAMMAIRE
↘ Outil ling. n° 2 p. 84

3 Une journée active

Les verbes pronominaux

Choisissez le bon verbe pour obtenir un texte clair.

Hervé chef de projet

Le réveil sonne à 7 heures et quart : je (me lève / lève) et je (me douche / douche). Je (me prépare / prépare) rapidement.

J'arrive au bureau vers 9 heures moins dix. Je / J' (m'installe / installe) à mon bureau et je (me regarde / regarde) mon agenda.
Entre 9 heures et quart et midi et demie, je travaille

sur les dossiers importants. Tous les jours, je déjeune avec mon équipe au restaurant. De retour à mon bureau vers une heure et demie, je (me prépare / prépare) les réunions de l'après-midi où je (me présente / présente) les nouveaux projets. Deux après-midis par semaine, je / j' (m'organise / organise) une vidéoconférence avec nos succursales de Francfort et d'Amsterdam. J'arrive à la maison vers 7 heures. Le soir, je ne (me couche / couche) jamais avant 11 heures, je lis une demi-heure et je (m'endors / endors).

RAMMAIRE

Outil ling. n° 2
. 84

4 Échanges

Les verbes pronominaux

Conjuguez les verbes dans les dialogues et trouvez qui répond aux questions.

Mémo

Les verbes pronominaux se conjuguent avec un pronom à la même personne que le sujet.
*Ex. Je **me** lève.*
*Nous **nous** levons.*

1. – Vous .... (s'entraîner) beaucoup avec votre équipe de rugby ?
– Oui, nous .... (s'entraîner) trois fois par semaine.

2. – Vous .... (se lever) à quelle heure ?
– Je .... (se lever) à 4 h pour le premier vol de la journée.

3. – Où sont les mannequins pour la photo ?
– Elles .... (se préparer) pour le défilé : elles .... (se maquiller) et elles .... (s'habiller).

4. – Qu'est-ce que tu fais ce week-end ?
– Je .... (se reposer) et je .... (s'occuper) aussi d'une association : je .... (s'investir) beaucoup ; ça change du boulot.

5. – Pourquoi vous .... (s'installer) en Afrique ?
– Je .... (s'installer) en Afrique parce je .... (s'intéresser) aux maladies tropicales.

Qui répond ?

a. Une hôtesse de l'air
Phrase : ....

b. Un couturier
Phrase : ....

c. Un médecin expatrié
Phrase : ....

d. Une collègue de travail
Phrase : ....

e. Un sportif
Phrase : ....

OCABULAIRE

Retenez p. 77

5 Vos activités de loisirs

Mémo

*– Je joue **du** violon.* → jouer du, de la, de l' + instrument de musique
*– Je joue **au** football.* → jouer au / à la / à l' + jeu

*Je fais **du** sport.*
*Je fais **de la** musique.* → faire du, de la, de l'

A. Associez les pictogrammes au sport ou à l'activité culturelle concernée.

1. l'escalade ....
2. la marche ....
3. le ski ....
4. la natation ....
5. la guitare ....
6. le vélo ....
7. les échecs ....
8. la voile ....
9. le basket-ball ....
10. le piano ....

B. Complétez les phrases avec des activités de la partie A.

1. Je joue ....

....

2. Je fais ....

....

GRAMMAIRE

6 C'est non stop !

L'adjectif *tout*

Complétez les phrases pour décrire l'hôtel avec *tout* / *toute* / *tous* / *toutes*.

1. Notre hôtel est ouvert .... l'année.

2. Il y a de nouveaux groupes de touristes .... les semaines.

3. Les employés font le ménage .... les jours.

4. La réceptionniste travaille .... la journée.

5. Il y a un cours de gymnastique .... les matins.

6. L'accès à Internet est libre .... le temps.

7. Il y a des conférences .... les mardis.

8. Le soleil éclaire la salle de restaurant .... l'après-midi.

Mémo

	Masculin	Féminin
Singulier	Tout	Toute
Pluriel	Tous	Toutes

Avec des mots qui indiquent un moment (journée, mois, année, etc.) :
- *tout* et *toute* indiquent une durée ;
- *toutes* et *tous* indiquent une fréquence.

B Planning serré !

GRAMMAIRE

↘ *Outil ling. n° 3 p. 84*
↘ *Outil ling. n° 1 p. 34*

7 D'où viennent-ils ?

Les prépositions *à* et *de* et le verbe *venir*

Dites le pays d'origine des passagers.

Noms des passagers	Nationalité
M. Maurice Lavoine	Français
Mme Sanae Anzo	Japonaise
Mme Susan Dowling	Américaine
M. Sasha Afanasenko	Ukrainien
M. Anh Khoa Phung	Vietnamien
Mme Ana Milovic	Russe
M. Marteen Van Beck	Néerlandais
Mme Julia Rusconi	Italienne
M. Ronaldo Ferreira	Brésilien
Mme Myoung Ji	Coréenne

1. M. Maurice Lavoine vient ....

2. Mme Sanae Anzo vient ....

3. Mme Susan Dowling vient ....

4. M. Sasha Afanasenko vient ....

5. M. Anh Khoa Phung vient ....

6. Mme Ana Milovic vient ....

7. M. Marteen Van Beck vient ....

8. Mme Julia Rusconi vient ....

9. M. Ronaldo Ferreira vient ....

10. Mme Myoung Ji vient ....

COMMUNICATION
↘ *Outil ling. n° 3*
p. 84

8 Horaires d'avion

Les verbes *arriver, aller, partir, venir* et les prépositions *de / à / en*

Consultez les tableaux et renseignez les personnes.

Arrivées à Paris				
Ville	Départ	Arrivée	Aéroport	Vol
Abidjan Côte d'Ivoire	11.00	17.20	Orly sud	VU901
Agadir Maroc	06.20	08.20	Orly sud	CRL716
Alicante Espagne	16.10	16.50	Orly sud	UX1280
Amsterdam Pays-Bas	10.30	11.55	Roissy CDG	AF8230

Départs de Paris				
Ville	Départ	Arrivée	Aéroport	Vol
Athènes Grèce	13.35	17.20	Roissy 2A	DL051
Atlanta États-Unis	10.15	14.10	Roissy 2E	AF3160
Aqaba Jordanie	08.00	14.00	Roissy 1	JAV1402
Aberdeen Royaume-Uni	06.20	09.20	Roissy 2F	AF5555

1. D'où vient le vol VU901 ? ....

2. Où arrive l'avion en provenance d'Alicante ? ....

3. De quel aéroport part le vol AF5555 ? ....

4. Où va le vol DL051 ? ....

5. De quelle ville part le vol CRL716 ? ....

6. À quelle heure arrive le vol en provenance d'Amsterdam ? ....

7. Quelle est la destination du vol JAV1402 ? ....

8. De quel pays vient le vol AF8230 ? ....

9. D'où arrive le vol UX1280 ? ....

10. À quelle heure part le vol AF3160 ? ....

11. De quelle ville part le vol JAV1402 ? ....

GRAMMAIRE
COMMUNICATION
↘ *Outil ling. n° 4*
p. 84

9 Projets d'entreprise

Le futur proche

A. Exprimez les projets de la compagnie aérienne avec le futur proche.

Cette année	L'année prochaine
1. Le nom de la compagnie change.	**1.** *Le nom de la compagnie va changer.*
2. La direction achète de nouveaux avions.	**2.** ....
3. Les hôtesses ont une nouvelle tenue.	**3.** ....
4. Notre compagnie fait des bénéfices.	**4.** ....
5. Nous travaillons avec d'autres partenaires.	**5.** ....
6. Nous proposons de nouvelles destinations.	**6.** ....
7. Vous voyagez moins cher.	**7.** ....
8. Les avions sont plus confortables.	**8.** ....

B. Imaginez une autre société et expliquez ses projets sur une feuille à part (utilisez le futur proche).

C Et vous, où et comment déjeunez-vous ?

COMMUNICATION
↘ *Retenez p. 81*

10 Faites-vous confiance aux guides gastronomiques ?

Complétez le témoignage d'Alain avec *après, pour finir, d'abord, ensuite*.

ALAIN

Faites-vous confiance aux guides gastronomiques ?

Quand je cherche un restaurant gastronomique pour un grand événement, un anniversaire par exemple ou un repas d'affaires, ... je lis des guides. C'est indispensable quand on veut choisir une bonne table. ...., je demande des conseils à mes amis ou à mes collègues. ...., je vais voir le restaurant et je lis le menu. ...., je réserve la table.

J'aime • Commenter

COMMUNICATION

11 Forum

Participez au forum ci-dessous et utilisez les mots suivants.

Chercher – bon restaurant
Guide – utile / pas utile
Informations – décor – qualité – accueil – prix
Lire – journaux spécialisés
Consulter – Internet

Forum

Faites-vous confiance aux guides touristiques pour choisir un restaurant ?
....
....
....
....
....

COMMUNICATION
↘ *Retenez p. 81*

12 Boire caché !

Le verbe *boire*

Retrouvez la conjugaison du verbe *boire*.

M	N	V	B	O	I	V	E	N	T
A	J	B	U	V	E	Z	E	Z	P
O	I	R	V	E	N	T	I	T	S
H	K	B	O	S	E	N	T	O	I
J	U	I	N	E	S	P	V	I	R
B	O	I	S	S	N	T	B	U	V
J	Y	Z	S	R	B	O	I	S	S
G	V	B	O	I	T	H	R	E	N
A	V	O	I	T	B	U	V	O	I

GRAMMAIRE

↘ Outil ling. n° 5 p. 85

13 Recette de crêpes

Les articles partitifs

Complétez la recette des crêpes à la fleur d'oranger avec les quantités : *grammes, litre, 4, cuillère à soupe, une pincée.*

Mémo

On met toujours *de* ou *d'* après une quantité.

Pour 4 personnes

250 .... de farine

.... œufs

3/4 de .... de lait

1 .... de fleur d'oranger

40 .... de beurre

.... de sel

Mélanger la farine, les œufs, le beurre, le lait et la fleur d'oranger dans un saladier.
Verser un peu de cette pâte dans une poêle, faites-la cuire et retourner la crêpe pour la cuire de l'autre côté.
Manger très chaud.

COMPRÉHENSION
GRAMMAIRE

↘ Outil ling. n° 5 p. 85

14 Tout à emporter

Les articles partitifs

Pizzas et salades à emporter

Les pizzas

	1 personne	2 personnes	4 personnes
	5,60 €	**11 €**	**15 €**

Végétarienne : Tomates, fromage, thon, poivrons, champignons, artichauts, olives
Exotique : Tomates, fromage, jambon, ananas
Rimini : Crème fraîche, poulet, pommes de terre, oignons
Pacifique : Crème fraîche, saumon, crevettes, citron

Les salades **5 € 50**

Salade du chef : Salade verte, tomates, haricots verts, maïs, citron, huile d'olive
Norvégienne : Salade verte, saumon fumé, avocat, olives, crème fraîche
Royale : Salade verte, tomates, chèvre, croûtons de pain, vinaigre et huile d'olive

Livraison gratuite et rapide au bureau et à domicile
Ouvert 7/7 – de 10 h 30 à 14 h 30 et de 18 h à 22 h 30 – fermé le dimanche midi

01 69 14 69 78

A. Lisez la carte « Pizzas et salades à emporter » et cochez la bonne réponse.

	Vrai	Faux
1. Il y a plusieurs tailles de pizzas.		
2. Toutes les salades ont des prix différents.		
3. On peut faire livrer une salade au travail.		
4. On peut commander une pizza pour le déjeuner du dimanche.		
5. On peut passer une commande entre 14 h 30 et 18 h.		

B. Lisez la carte. Vous expliquez la composition des pizzas et des salades à un client.

1. Dans la pizza végétarienne, il y a des tomates, ...

....

2. Dans la pizza exotique, il y a ....

....

3. Dans la pizza Rimini, il y a ....

....

4. Dans la pizza Pacifique, il y a ....

....

5. Dans la salade du chef, il y a ....

....

6. Dans la salade norvégienne, il y a ....

....

7. Dans la salade royale, il y a ....

....

GRAMMAIRE

Retenez p. 81
Outil ling. n° 5 p. 85

15 Liste de courses

Les articles partitifs et la quantité précise

A. Complétez avec *du, de la, de l', des* comme dans l'exemple.

B. Associez à chaque produit son emballage.

Exemple : Des chocolats → une boîte de chocolats

1. .... yaourt → ....
2. .... fleurs → ....
3. .... parfum → ....
4. .... œufs → ....
5. .... eau gazeuse → ....
6. .... bière → ....
7. .... dentifrice → ....
8. .... riz → ....

a. un pot
b. un bouquet
c. une boîte
d. un flacon
e. un tube
f. un paquet
g. une bouteille
h. une canette

RAMMAIRE

Outil ling. n° 5
. 85

16 Votre régime

Les articles partitifs

Complétez le tableau.

Pour maigrir

Je mange	Je ne mange pas	Je bois	Je ne bois pas
des fruits	....	....	....
....	....	....	....
....	....	....	....
....	....	....	....
....	....	....	....

Mémo

Je mange ***de la*** *viande,* ***du*** *raisin et* ***des*** *haricots verts et je bois* ***de l'****eau.*
Mais :
J'aime / je n'aime pas ***la*** *viande,* ***le*** *chou-fleur,* ***l'****ail et* ***les*** *haricots verts.*

D Rendez-vous avec le webmestre

COMMUNICATION

Retenez p. 83

17 Exclamations !

A. Vous parlez d'un site de vente de produits biologiques. Que dites-vous ? Faites correspondre les affirmations et les exclamations (plusieurs réponses possibles).

1. Le site est très beau.
2. Les légumes sont très bons.
3. Les prix des marchandises sont bas.
4. Les frais de livraison sont très chers.
5. Les internautes peuvent commander de chez eux.
6. Les liens sont clairs.
7. La livraison prend 24 heures.
8. Il n'y a pas beaucoup de produits exotiques.

a. C'est délicieux !
b. C'est magnifique !
c. C'est dommage !
d. C'est rapide !
e. Ce n'est pas cher !
f. C'est pratique !
g. C'est génial !
h. Ce n'est pas normal !

1	....
2	....
3	....
4	....
5	....
6	....
7	....
8	....

Mémo

On utilise *c'est* ou *ce n'est pas* + adjectif pour donner une appréciation. L'adjectif est toujours au masculin.

B. Parlez de votre entreprise sur une feuille à part. Faites des appréciations.

VOCABULAIRE
↘ *Retenez p. 83*

18 Jeu d'Internet

Trouvez les mots du vocabulaire d'Internet.
Des actions :

1. C_ _ _ _ _ R **2.** N_ _ _ _ _ _ R **3.** T_ _ _ _ _ _ _ _ _ _ R **4.** A_ _ _ _ _ _ R

Des objets :

5. P_ _ E **6.** S_ _ E **7.** L _ _N **8.** F_ _ _ _ _ R

GRAMMAIRE
↘ *Outil ling. n° 6 p. 85*

19 Précisions utiles

Le complément de nom

Complétez les phrases pour indiquer l'appartenance ou donner des précisions.

Exemple : Le planning ..... est très chargé. (commerciaux)
→ *Le planning* ***des commerciaux*** *est très chargé.*

1. Le bureau .... est grand. (architecte)
2. Les dossiers .... sont urgents. (service marketing)
3. Le site .... est très clair. (société SFK)
4. La réunion .... est reportée. (mercredi 23)
5. Les clients .... sont exigeants. (banques)
6. La journée .... est très longue. (président)
7. Les propositions .... sont intéressantes. (partenaires)

PHONIE-GRAPHIE

20 Le vocabulaire des transports

Le *e*

Complétez avec *e, é, è, ê, et, er*.

1. Un a..... roport
2. Un all.....-retour
3. Un arr..... t de bus
4. Un att..... rrisage
5. Un bill.....
6. D..... coller
7. Un d..... part
8. Une d..... stination
9. Des passag..... s
10. La premi..... re classe
11. Un r..... servation
12. Un si..... ge
13. Un t..... rminal
14. Un traj.....
15. Une arriv..... e

A Vous avez choisi ?

COMPRÉHENSION

Retenez p. 93

1 Échanges

Qui parle au restaurant ? Notez le numéro de la phrase.

1. Vous désirez un café ?
2. Et pour vous, madame ?
3. Et une salade de fruits pour moi.
4. Deux couverts ?
5. Nous avons une réservation.
6. Non merci, je ne prends pas de dessert.
7. Une bouteille d'eau, s'il vous plaît.
8. Ça a été ?
9. C'est servi avec quoi ?
10. Et comme entrée ?
11. Je vais prendre une salade de tomates.
12. Est-ce que cette table vous convient ?
13. Une mousse au chocolat pour moi.
14. Combien je vous dois ?

Un client :	Un serveur : ....

VOCABULAIRE

Retenez p. 93

2 Au restaurant

Lisez les définitions et trouvez les mots utilisés au restaurant.

1. Je le lis pour choisir un plat. → ....

2. Tu la manges toujours saignante. → ....

3. Le serveur la note quand il demande le choix des clients. → ....

4. Nous la choisissons pour accompagner une viande ou un poisson. → ....

5. Vous l'utilisez pour boire. → ....

6. Ils la demandent au serveur pour payer. → ....

COMPRÉHENSION

3 Menu à la carte

A. Quelle est la composition des plats ? Cochez la (les) bonne(s) colonne(s).

	Viande	Poisson	Légumes	Fruits
1. Une assiette de crudités				
2. Un saumon grillé, riz aux champignons				
3. Un sorbet à la fraise				
4. Un filet de bœuf, gratin de courgettes				
5. Une soupe de tomates				
6. Des bananes flambées au rhum				
7. Une tarte aux pommes				
8. Une salade d'asperges à l'orange				
9. Une fricassée de poulet aux poivrons rouges				

B. Complétez le menu du restaurant *Le Bistroquet* avec les entrées, les plats et les desserts de l'activité A.

Mémo

– Pour indiquer l'ingrédient principal d'un plat :
Une salade ***de*** *fruits*
Une assiette ***de*** *crudités*
– Pour indiquer un ingrédient important, le parfum ou une façon de préparer :
Un melon ***au*** *porto*
Un sorbet ***à la*** *fraise*
Du riz ***aux*** *champignons*
Une tarte ***aux*** *pommes*

Le Bistroquet

Menu 13,50 €

(une entrée + un plat ou un plat + un dessert)

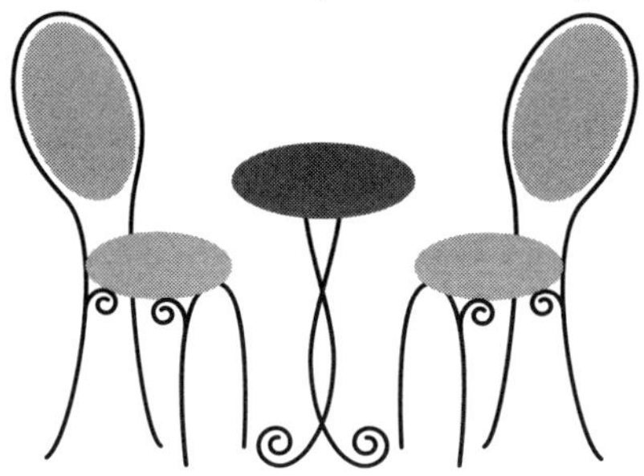

ENTRÉES

.... ou ....

ou ....

PLATS

.... ou ....

ou ....

DESSERTS

.... ou ....

ou ....

GRAMMAIRE

↘ *Outil ling. n° 1 p. 100*

4 Invitation

Les pronoms compléments d'objet direct *le / la / les*

Complétez les précisions données avec les pronoms *le*, *l'*, *la* ou *les*.

1. Mes collaborateurs, je .... invite à déjeuner pour fêter un contrat.

2. Mon emploi du temps, je .... vérifie pour fixer une date.

3. L'invitation, je .... envoie par courriel.

4. Le restaurant, je .... choisis toujours sur Internet.

5. La table, je .... réserve pour six personnes.

6. Le menu, je .... commande d'avance.

7. Ce poisson et cette garniture, je ne .... trouve pas bons.

8. Le serveur, je .... appelle.

9. Cette adresse, je ne vais pas .... conseiller à mes amis.

10. Mon appréciation, je vais .... écrire sur un site Internet.

GRAMMAIRE
Outil ling. n° 1
p. 100

5 Déjeuner d'affaires

Les pronoms compléments d'objet direct *le / la / les*

Utilisez les pronoms compléments pronoms *le, l', la* ou *les* pour répondre aux questions.

1. – Est-ce que tu connais ce restaurant ?

– Non, ...

2. – Est-ce qu'on attend nos invités pour commander ?

– Oui bien sûr, ...

3. – Vous choisissez le vin ?

– Oui, ...

4. – Vous aimez votre mousse au chocolat ?

– Non, ...

5. – Tu commandes les cafés, s'il te plaît ?

– Oui, ...

6. – On partage l'addition ?

– Ah non ! ....

7. – Tu offres les cadeaux à la fin du déjeuner ?

– Oui, ...

GRAMMAIRE
Outil ling. n° 1
p. 100

6 Directives

Les pronoms compléments d'objet direct *le / la / les*

Donnez des directives à votre assistante et utilisez les pronoms compléments pronoms *le, l', la, les* comme dans l'exemple.

Exemple : La salle (réserver) → La salle, réservez-la, s'il vous plaît.

1. La réunion (fixer) → ....

2. Les photocopies (faire) → ....

3. Ces dossiers (préparer) → ....

4. Mon billet pour Casablanca (prendre) → ....

5. Les clefs du bureau (ne pas oublier) → ....

6. Mes rendez-vous (annuler) → ....

7. Ce courriel (écrire) → ....

8. Cette demande (ne pas accepter) → ....

Mémo

La place des pronoms
– Au présent de l'indicatif et à l'impératif négatif, le pronom se place toujours avant le verbe.
*Ex. : Je **le** fais.*
*Je ne **le** fais pas.*
*Ne **le** fais pas !*
– À l'impératif affirmatif, il se place après le verbe.
*Ex. : Fais **le** !*

GRAMMAIRE
Outil ling. n° 2
p. 100

7 Des questions à gogo

Les pronoms interrogatifs : *Qu'est-ce que... ? / Que... ? / Quoi... ?*

Complétez le tableau pour varier la formulation des questions.

Forme standard	Forme familière	Forme formelle
1.	Vous prenez quoi comme dessert ?	....
2.	....	Que désirez-vous ?
3. Qu'est-ce que tu bois ?	....	....
4. Qu'est-ce que vous aimez comme gâteau ?	....	....
5.	....	Que faites-vous comme travail ?

6. Qu'est-ce que tu dis ?	....	....
7.	Vous choisissez quoi comme restaurant ?	....
8. Qu'est-ce que vous proposez comme entrée ?	....	....
9.	Vous attendez quoi ?	....
10.	....	Que demandez-vous ?
11.	Nous achetons quoi pour dîner ?	....
12.	....	Qu'écoutez-vous comme musique ?

B Et avec ceci ?

COMMUNICATION

↘ *Retenez p. 95*

8 Pull en solde

Remettez le dialogue dans un magasin dans l'ordre.

..... **a.** Bien sûr. Quelle est votre taille ?

..... **b.** Oui, c'est vrai. Il coûte combien ?

..... **c.** XL.

..... **d.** Je préfère celui-ci. Je peux l'essayer ?

..... **e.** 35 €. Il est en solde. Vous désirez autre chose ?

..... **f.** Bonjour, monsieur. Je peux vous aider ?

..... **g.** J'ai deux modèles, un classique et un plus élégant. Lequel préférez-vous ?

..... **h.** Il vous va très bien.

..... **i.** Non, merci. Ce sera tout.

..... **j.** Oui, je cherche un pull.

VOCABULAIRE

↘ *Retenez p. 95*

9 L'intrus

Barrez l'intrus dans chaque série de mots.

1. épice – thé – fruit – cuir – sucré – lait

2. baguette – croissant – veste – tarte – sorbet – éclair au chocolat

3. modèle – essayer – taille – goûter – pointure – chausser

GRAMMAIRE

↘ *Outil ling. n° 3 p. 100*

10 Cadeau d'adieu

Les adjectifs et les pronoms démonstratifs

Complétez le dialogue avec *ce, cet, cette* ou *ces*.

– Qu'est-ce qu'on achète pour le départ du directeur ? Il part .... semaine.

– On peut prendre .... lampe ou .... attaché-case.

– Et .... montre ? Elle est très élégante.

– On peut aussi choisir .... écharpe ou .... coffrets de CD. Il aime beaucoup .... genre de musique.

– Ce n'est pas génial ! Et .... livre ? Notre directeur aime bien .... écrivain.

– Ce n'est pas très original ! Et .... ordinateur portable ?

– C'est beaucoup trop cher. Alors pourquoi pas .... agenda électronique ?

– C'est une excellente idée !

GRAMMAIRE

↘ Outils ling. n° 3 et 4 p. 100

11 Questions de choix

■ Les adjectifs et les pronoms démonstratifs
■ Les pronoms interrogatifs *lequel / laquelle / lesquel(le)s*

Trouvez les questions comme dans l'exemple.

Exemple : – Je voudrais essayer ce pull.
– Lequel ? Celui-ci ou celui-là ?

1. – Comment marche cette tablette ?
– .... ? .... ?

2. – Combien coûte ce caméscope ?
– .... ? .... ?

3. – Je vais prendre ces gâteaux.
– .... ? .... ?

4. – J'aime mieux cette veste.
– .... ? .... ?

5. – Je préfère ces chaussures.
– .... ? .... ?

6. – Je prends cet assortiment.
– .... ? .... ?

GRAMMAIRE

↘ Outil ling. n° 5 p. 101

12 Enquête de satisfaction

■ Les comparatifs

Lisez le sondage du magasin Superprix et retrouvez la règle d'utilisation des comparatifs. Complétez le tableau.

Sondage auprès de la clientèle de Superprix

Pouvez-vous répondre à cette enquête ? Cochez la réponse choisie.

1 Le magasin Superprix est	◎ plus cher ◎ aussi cher ◎ moins cher	que le supermarché Voisino.
2 Le magasin Superprix offre	◎ plus de produits ◎ autant de produits ◎ moins de produits	que le supermarché Voisino.
3 À la caisse, vous attendez	◎ plus ◎ autant ◎ moins	qu'à la caisse du supermarché Voisino.
4 La qualité des produits est	◎ meilleure ◎ aussi bonne ◎ moins bonne	que la qualité des produits du supermarché Voisino.

	+ → *plus*		
	= →	+ adjectif	+ que
	– →		
	+ →		
	= →	+ nom	+ que
	– →		
	+ →		
Verbe +	= →		+ que
	– →		
Attention ! On ne dit pas « ~~plus bon~~ ». → On dit			

GRAMMAIRE

↘ *Outil ling. n° 5 p. 101*

13 Critiques gastronomiques

Les comparatifs

Lisez les notes d'un critique gastronomique puis complétez les phrases avec des comparatifs.

Restaurant Chez Tong
Vue sur jardin
Bon accueil
Grande salle
Décoration moderne
45 couverts
Personnel agréable
Service lent
3 plats au choix
Menu 20 €

Restaurant Bellevue
Vue magnifique sur la montagne
Mauvais accueil
Petite salle
Décoration moderne
20 couverts
Personnel désagréable
Service rapide
10 plats au choix
Menu 29 €

1. Au restaurant *Chez Tong*, la vue est .... belle qu'au restaurant *Bellevue*.

2. Au restaurant *Chez Tong*, l'accueil est .... qu'au restaurant *Bellevue*.

3. Au restaurant *Chez Tong*, la salle est .... grande qu'au restaurant *Bellevue*.

4. Au restaurant *Chez Tong*, la décoration est .... moderne qu'au restaurant *Bellevue*.

5. Au restaurant *Chez Tong*, il y a .... couverts qu'au restaurant *Bellevue*.

6. Au restaurant *Chez Tong*, le personnel est .... agréable qu'au restaurant *Bellevue*.

7. Au restaurant *Chez Tong*, le service est .... rapide qu'au restaurant *Bellevue*.

8. Au restaurant *Chez Tong*, il y a .... plats proposés qu'au restaurant *Bellevue*.

9. Au restaurant *Chez Tong*, le menu est .... cher qu'au restaurant *Bellevue*.

C Je peux visiter ?

'OCABULAIRE
Retenez p. 96

14 Nouvelle adresse

Complétez le courriel avec les mots suivants : pièces – vue – loyer – immeuble – fait – séjour – proximité – chambres – cuisine – appartement – salle de bains – quartier – étage – ascenseur.

À : pagarde@tele.fr
De : hmbris@gmail.com — Signature : Pro
Objet : Nouvel appartement

Chers Philippe et Anne,

Comment allez-vous ?

Nous, nous allons très bien et nous avons trouvé un ....

Il est situé dans un .... moderne avec un .... dans un .... calme.

Il .... 90 m² et il y a 4 .... : un .... et 3 .... Il y a une petite .... équipée et une grande ....

Nous sommes au troisième .... et nous avons une belle .... sur la montagne.

L'école de Tom est à .... ; il y a une station de métro à 200 mètres et le .... n'est pas très cher.

Nous sommes très contents et nous vous attendons. Quand est-ce que vous venez ?

Grosses bises, Marc, Hélène et Tom

:OMMUNICATION
Retenez p. 96

15 Questions utiles

Associez les questions du client aux réponses de l'agent immobilier.

Les questions du client	Les réponses de l'agent immobilier
1. Quel est le loyer ?	**a.** Il est au sixième.
2. Est-ce que les charges sont comprises ?	**b.** Au mois de septembre.
3. À quel étage est l'appartement ?	**c.** Oui, elle fait 30 m².
4. Quelle est la surface ?	**d.** C'est 750 euros par mois.
5. Est-ce qu'il y a un ascenseur ?	**e.** Trois : un séjour et 2 chambres.
6. Quand est-ce que l'appartement est libre ?	**f.** Oui et l'équipement est très moderne.
7. La cuisine est-elle équipée ?	**g.** Le chauffage est au gaz.
8. Il y a combien de pièces ?	**h.** Oui, juste en face de l'appartement.
9. La chambre principale est grande ?	**i.** Non, 750 euros c'est le loyer hors charges.
10. Comment est chauffé l'appartement ?	**j.** L'appartement est grand, il fait 110 m².

1	2	3	4	5	6	7	8	9	10
....	....	....	....	....	....	....	....	....	....

D. Votre avis compte

COMPRÉHENSION

↘ *Retenez p. 99*

16 Conversations de bureau

Les indicateurs de temps

A. Soulignez les mots pour indiquer le moment et dites si les événements sont passés ou futurs. Notez les numéros dans le tableau.

1. La semaine prochaine, la société va proposer un nouveau site.

2. Les nouveaux produits sont arrivés hier matin.

3. Le service clientèle a déménagé la semaine dernière.

4. Mme Champion va prendre son nouveau poste le mois prochain.

5. Les ventes ont augmenté le mois dernier.

6. L'année prochaine, les ingénieurs vont proposer un nouveau concept.

7. La commande est partie lundi dernier.

8. La direction a choisi un nouveau logo hier.

9. Nos partenaires suédois sont revenus mardi.

Événements passés	Événements futurs
....	....

B. Dites ce que vous avez fait et ce que vous allez faire. Précisez le moment en utilisant des indicateurs de temps. Écrivez 4 phrases sur une feuille à part.

GRAMMAIRE

↘ *Outil ling. n° 6 p. 101*

17 Événements passés

Le passé composé

Mettez les verbes des textos au passé composé.

Mémo

Avec le verbe **être**, vous devez **accorder le participe passé** :
- **Sujet masculin = participe passé au masculin**
Ex. : Pierre parle : « Je suis parti dimanche. »
- **Sujet féminin = participe passé au féminin**
Ex. : Julie parle : « Je suis partie dimanche. »
- Si le **sujet** est au pluriel, vous devez **ajouter un s** au participe passé.
Ex. : Julie et Pierre parlent : « Nous sommes partis dimanche. »
Ex. : Julie et Sophie parlent : « Nous sommes parties dimanche. »

1. Tu .... (trouver) un sac ? Valérie
2. J'............ (visiter) un studio ce matin. Jérémie
3. Paul .... (réserver) une table pour ce soir. Anna
4. Ma directrice .... (partir) !!! Sandra
5. Vous .... (changer) d'adresse ? Pascal
6. M. Labesse .... (venir) hier. Nicolas
7. Nous .... (aller) en Allemagne le week-end dernier. Joël et Claudie
8. J'.......... (choisir) le cadeau de naissance pour Annie. Christophe
9. Est-ce que les clients chinois .... (arriver) ? Gaëlle
10. Hello Barbara ! Tu .... (sortir) hier soir ? Daniel
11. Tu .... (finir) ta réunion ? Aline
12. Mme Brice .... (passer) au bureau ce matin. Jean

:OMMUNICATION

Outil ling. n° 6
. 101

18 Mission organisée

Le passé composé

Lisez la liste de vérification d'une préparation de commande et dites ce que vous avez fait 👍 et ce que vous n'avez pas fait 👎.

1. Enregistrer la commande 👍
2. Mettre la marchandise dans le colis 👍
3. Expédier le colis 👎
4. Remplir le bon de livraison 👍
5. Prévenir le client d'un retard de livraison 👎
6. Faire la facture 👍
7. Lire les avis des internautes 👎
8. Répondre aux réclamations 👎

Ce que j'ai fait 👍	Ce que je n'ai pas fait 👎
1. *J'ai enregistré la commande.*	....
....	....
....	....
....	....
....	....

'OCABULAIRE

Retenez p. 99
Repères
rofessionnels
. 105

19 Nouvelle collection

En général, qui porte ces vêtements ? Cochez.

Vêtements	Homme	Femme	H/F
1. Un costume	❑	❑	❑
2. Une veste	❑	❑	❑
3. Une chemise	❑	❑	❑
4. Une jupe	❑	❑	❑
5. Un pantalon	❑	❑	❑
6. Une cravate	❑	❑	❑
7. Un chemisier	❑	❑	❑

Vêtements	Homme	Femme	H/F
8. Une ceinture	❑	❑	❑
9. Un manteau	❑	❑	❑
10. Un collant	❑	❑	❑
11. Une robe	❑	❑	❑
12. Un caleçon	❑	❑	❑
13. Un pyjama	❑	❑	❑

'HONIE-
;RAPHIE

20 Le son [ɛ]

Ajoutez l'accent aigu sur les « e » (é) si nécessaire.

Mémo

Le son [ɛ] peut s'écrire é, ée, *a* + *y* et à la fin d'un mot *er* ou *ez*.
Ex. : clé, musée, payer, travailler, travaillez

Forum

J'ai regarde le site de Cyris sur Internet et j'ai profite d'une reduction. J'ai commande une veste et un pantalon et j'ai paye mais quand j'ai reçu et vérifie la livraison, je n'ai pas trouve la veste. En plus, le pantalon est de mauvaise qualite. J'ai envoye un courriel de reclamation et j'ai prefere retourner l'article. J'ai respecte les delais mais on ne m'a pas rembourse. Alors, j'ai telephone et l'employe a demande le numero de ma commande. Je n'ai pas de nouvelles. Un conseil : ne commandez rien à cette societe !

Compréhension des écrits (30 minutes)

Exercice 1 : Panneau d'affichage

Lisez le panneau d'affichage de votre entreprise et répondez aux questions sur une feuille à part.

❶
Promotion circuit en Inde
Dernières places disponibles
Contactez durgence Christine
au 07 67 98 34 56

❷
Conférence
« Conseils pour travailler avec le décalage horaire »
par le Docteur Barbier
Mercredi 27 avril 18 h salle de réunion

❸
Biarritz
Loue app. T2
1 lit 2 pers. + canapé-lit 2 pers.
Vue mer
de juin à octobre
550 € semaine
bberragain@yahoo.fr

❹
TOURNOI DE TENNIS INTERENTREPRISES
Samedi 18 et dimanche 19 mai
Pour tout renseignement,
adressez-vous à Michel poste 4897

❺
Cafétéria fermée
vendredi 29 avril
Travaux de peinture

❻
Déjeuner débat
« Vie professionnelle et vie privée »
Restaurant d'entreprise jeudi 2 mai 12 h 30

❼
Offre exceptionnelle
Magasin de Massy
40 % sur un grand choix de vêtements
du 2 au 15 mai
Sur présentation de votre carte professionnelle

❽
Réunion préparation
Salon de l'entreprise
Vendredi 10 h salle 12

1. Vous cherchez une location pour les vacances et vous voulez des renseignements. Que devez-vous faire ?
2. Vous voyagez beaucoup et vous avez des problèmes pour dormir. Quelle annonce vous intéresse ?
3. Vous êtes très sportif et vous voulez participer à cet événement. Qui contactez-vous ?

Exercice 2 : Une commande par mail

Vous avez passé une commande sur Internet d'articles de bureau et vous avez reçu la confirmation de votre commande par mail. Lisez le mail.

À : Mme Briand
De : Technet
Signature : Pro
Objet : Envoi commande

Bonjour Mme Briand,
Nous avons expédié votre commande ce jour par notre transporteur Chronovit.
Vous pouvez suivre votre livraison sur notre site. Vous vous connectez sur votre compte client.
En présence du livreur, ouvrez votre colis ; contrôlez la commande et l'aspect du produit.
Pour tout problème à la livraison, vous devez :
– décrire les problèmes avec toutes les précisions sur le bon de livraison ;
– refuser et retourner le colis.

Merci de votre confiance.
L'équipe de Technet vous souhaite bonne réception de votre marchandise.

Cochez les deux bonnes réponses.

À la réception des articles, vous devez :

❑ **a.** contacter l'équipe Technet.
❑ **b.** demander un échange.
❑ **c.** vérifier les articles.
❑ **d.** envoyer un courriel.
❑ **e.** payer les marchandises.
❑ **f.** contrôler les délais de livraison.
❑ **g.** écrire vos remarques si la livraison ne convient pas.

Production écrite (30 minutes)

Exercice 1 : Compléter un formulaire

Un sondage

Vous travaillez dans une entreprise française et votre entreprise fait un sondage sur le nouveau restaurant d'entreprise. Vous avez écrit votre avis, lisez-le.

Votre avis

L'accueil est sympathique et personnalisé. La salle de restaurant est moderne et fonctionnelle, avec une jolie décoration et une belle vue sur le parc. Le personnel est agréable et réactif mais les plats sont souvent froids et ne sont pas bons. Le prix du menu est beaucoup plus cher que dans l'ancienne cantine.

Ensuite, vous remplissez le formulaire d'appréciation. Puis vous cochez la bonne case.

Sondage RESTOPRISE

Nom : .... Prénom : .... Service : ....

Combien de fois par semaine déjeunez-vous au restaurant d'entreprise ? ....

À quelle heure déjeunez-vous ? ....

Quelle est votre entrée préférée ? ....

Quel est votre plat préféré ? ....

Quel est votre dessert préféré ? ....

Votre avis	☺	😮	☹		☺	😮	☹
Accueil :	❑	❑	❑	Repas :	❑	❑	❑
Salle de restaurant :	❑	❑	❑	Prix :	❑	❑	❑
Service :	❑	❑	❑				

Exercice 2 : Rédiger des messages simples pour décrire, expliquer

Un nouveau travail

Vous commencez un nouveau travail. Vous écrivez un courriel à un(e) ami(e) francophone et vous racontez votre première journée. Vous lui expliquez les horaires de travail et vos tâches. (40 mots environ)

Production et interactions orales

Exercice : Échange d'informations

OBJECTIF : Poser des questions.

Vous êtes en voyage d'affaires en France. Vous voulez visiter la région pendant le week-end. Vous posez des questions à un collègue francophone à partir des thèmes proposés sur les cartes.

Hôtel ? | Activités sportives ? | Restaurant ? | Transport ? | Visite ? | Prix ?

A Quelle est votre activité ?

VOCABULAIRE

↘ Retenez p. 110-111

1 Le bon mot

Un ami qui ne parle pas encore bien français vous demande de corriger son texte. Trouvez le mot ou l'expression correcte pour remplacer les mots en gras.

1. Notre entreprise a été **née** en 1990. ......
2. Nous avons une usine **posée** près de Lausanne en Suisse. ......
3. Notre **emploi** est de fabriquer des bijoux fantaisie. ......
4. Notre **effectif** est de 10 millions d'euros par an. ......
5. Notre **choix** de produits est connue dans le monde entier. ......
6. Nous **importons** nos produits dans de nombreux pays à l'étranger. ......

VOCABULAIRE

↘ Retenez p. 111

2 Les points cardinaux

Regardez la carte de l'Union européenne et répondez comme dans l'exemple.

Exemple : L'Espagne se trouve/est située au sud de la France.

1. La Belgique ...... de la France.
2. Le Portugal ...... de l'Espagne.
3. L'Allemagne ...... des Pays-Bas.
4. Le Danemark ...... de la Belgique.
5. L'Italie ...... de la France.
6. La République Tchèque ...... de la Pologne.

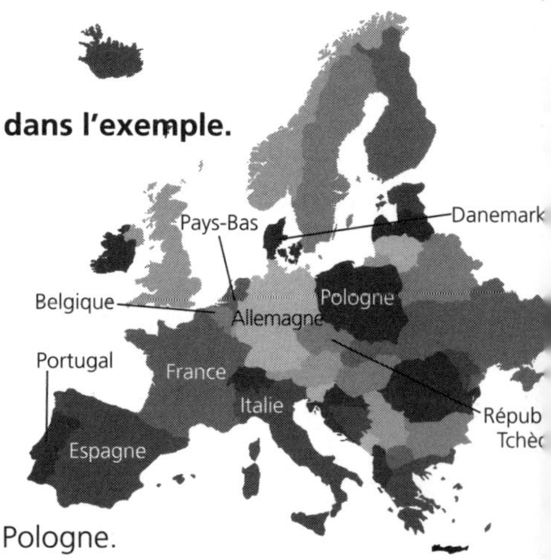

VOCABULAIRE

↘ Retenez p. 111

3 Des courses à faire

Mémo

– Aller **chez** le boucher/la bouchère, **chez** le boulanger/la boulangère
→ **chez** + nom du commerçant
– Aller **à la** boucherie, **à la** boulangerie
→ **à la / au / à l'** + nom de commerce
Mais on dit toujours *chez le / la fleuriste, chez l'esthéticienne, chez le coiffeur.*

Trouvez le nom du commerce ou du commerçant pour chaque phrase.

1. Dans cette boutique, vous pouvez acheter du saumon et des dorades : ......
2. Cette personne fait de jolis bouquets de fleurs : ......
3. Dans cette boutique, vous pouvez trouver des livres : ......
4. Je vous conseille cette personne parce qu'elle coupe très bien les cheveux : ......
5. Vous pouvez acheter du parfum et des produits de beauté dans cette boutique : ......
6. Ce commerçant est très connu pour ses gâteaux : ......
7. Ce commerçant vend une excellente viande : ......
8. C'est un lieu très agréable pour les soins du corps : ......

COMMUNICATION

↘ Retenez p. 110-111

4 Entreprises à vendre

Lisez les annonces d'entreprises à vendre.

Annonce 1

Fabrique de produits sanitaires

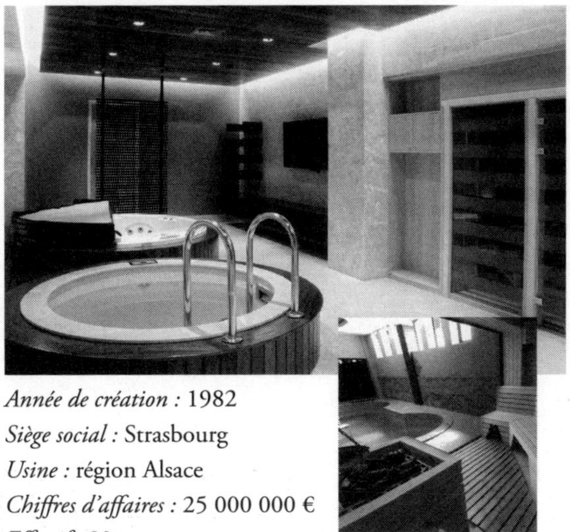

Année de création : 1982
Siège social : Strasbourg
Usine : région Alsace
Chiffres d'affaires : 25 000 000 €
Effectif : 80
Activité : production et commercialisation de produits sanitaires : saunas, spas, cabines de douche – 50 modèles
Clientèle : magasins de bricolage et plombiers

Entreprise leader en Europe
Marché international : Europe – États-Unis

Annonce 2

Import-export de vêtements

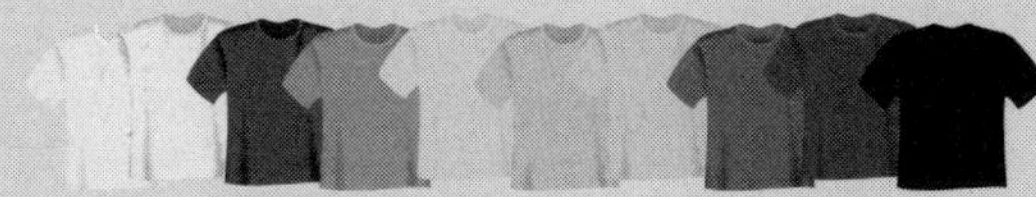

Année de création : 1995
Siège social : Lille
Chiffre d'affaires : 5 000 000 €
Effectif : 12
Activité :
Importations de tee-shirts - gamme de 30 coloris pour des impressions publicitaires
Clientèle :
agences de communication et entreprises
Entrepôt de 1 000 m² situé dans une zone industrielle avec parking
Une filiale de distribution en Espagne

Rédigez une courte présentation de chaque entreprise.
Exemple : L'entreprise a été créée… L'entreprise est située…

Annonce 1 : ....
....
....

Annonce 2 : ....
....
....

GRAMMAIRE

↘ Outil ling. n° 6 p. 119

5 Activités

Les verbes *produire, construire* et *vendre*

Complétez les phrases avec les verbes qui conviennent pour indiquer l'activité de l'entreprise.

1. Il .... des maisons et il les .... aux clients.

2. Nous .... des légumes et nous les .... sur les marchés.

3. Tu .... des immeubles. Les agents immobiliers les .... dans leurs agences.

4. Vous .... des avions. Vous les .... aux compagnies aériennes.

5. Je .... des vêtements de sport et je les .... aux magasins de sport.

6. Ils .... des montres et tu les .... dans ta boutique.

B Qui fait quoi ?

COMPRÉHENSION
GRAMMAIRE

↘ *Retenez p. 113*
↘ *Outils ling. n° 1 et 2 p. 118*

6 Des chefs d'entreprise célèbres

■ Le présentatif *c'est*
■ L'adverbe *très*

A. Complétez les phrases avec *il / elle / c'* pour présenter les chefs d'entreprise.

1. .... est un chef d'entreprise. .... est un génie très créatif dans le domaine de la micro-informatique. .... est américain et .... est le cofondateur d'Apple. Il est mort en 2011. Qui est-ce ? ....

2. .... est une créatrice de mode. .... est célèbre dans le monde entier pour ses vêtements de haute couture et ses sacs de luxe. .... est aussi la créatrice du parfum n° 5. Elle est morte en 1919. Sa marque porte son nom. Qui est-ce ? ....

3. .... est un entrepreneur britannique très actif. .... est très connu avec sa marque Virgin. Il a ouvert sa première boutique de disques à Londres. Les activités de son groupe sont très nombreuses : téléphonie, compagnie aérienne, cosmétiques. .... est aussi très sportif. Qui est-ce ? ....

4. .... est un homme d'affaires suédois. .... est un scientifique. .... est un industriel très riche et .... est aussi très généreux. À sa mort, il a donné son argent pour la création de prix qui récompensent des défenseurs de la paix comme Nelson Mandela, des écrivains et des scientifiques. Qui est-ce ? ....

5. .... est un chef d'entreprise américain. .... est le fondateur du site Internet du réseau social Facebook. .... est un informaticien et .... est très brillant. Qui est-ce ? ....

B. Trouvez le nom du chef d'entreprise qui correspond à chaque présentation.

Alfred Nobel – Steve Jobs – Mark Zuckerberg – Coco Chanel – Richard Branson

C. Sur le même modèle, présentez une personne très connue de votre choix.

....
....
....
....

Mémo

– Pour présenter une personne, on utilise *c'est* + article ou adjectif possessif + nom au singulier, *ce sont* + article ou adjectif possessif + nom pluriel.
Ex. : C'est un entrepreneur. C'est mon collègue. Ce sont mes associés.
– Pour faire un commentaire / donner une appréciation, on utilise *c'est* (*ce n'est pas*) + adjectif masculin.
Ex. : C'est très bon ! C'est parfait ! Ce n'est pas cher !
– Pour apporter des précisions à la présentation, on utilise *il est / elle est* + profession ou adjectif.
Ex. : C'est Jacques Prévot. Il est médecin, il est expérimenté.

COMMUNICATION

↘ *Retenez p. 113*

7 J'ai rendez-vous

Voici l'organigramme de la Société Spoliac.

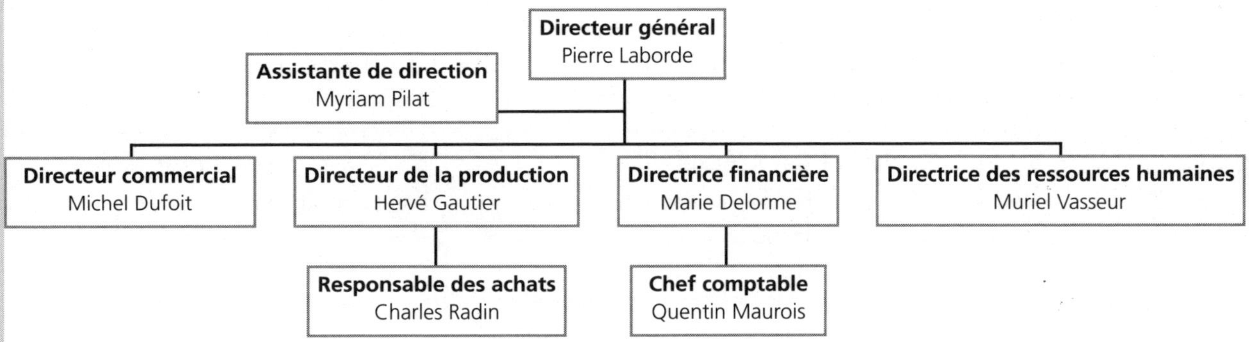

A. Les salariés de la société Spoliac parlent de leur travail. Quelle est leur fonction ?

1. « Je m'occupe des factures. » ....

2. « Je suis en charge de l'agenda du directeur général. » ....

3. « Je recrute le personnel. » ....

4. « J'achète les matières premières pour la fabrication de nos produits. » ....

5. « Je détermine la politique de vente. » ....

B. Vous travaillez à l'accueil de l'entreprise. Qui va recevoir ces personnes ? Notez leur nom.

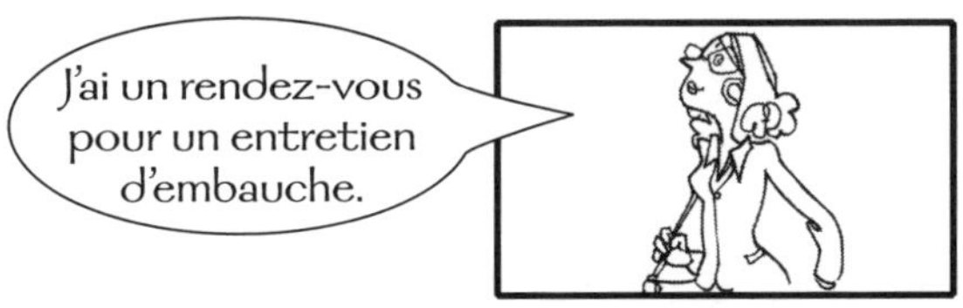

1. ....

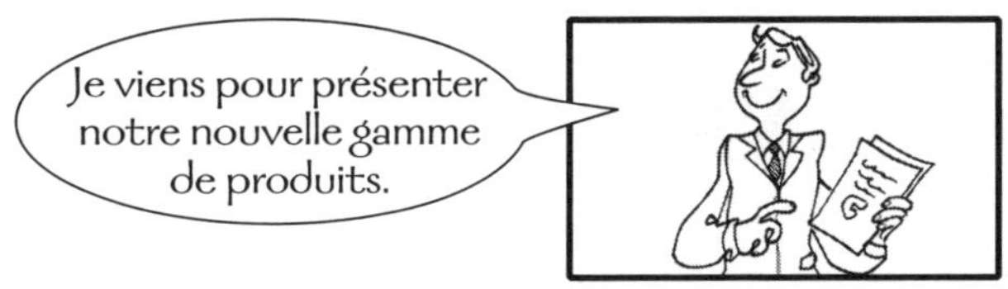

2. ....

3. ....

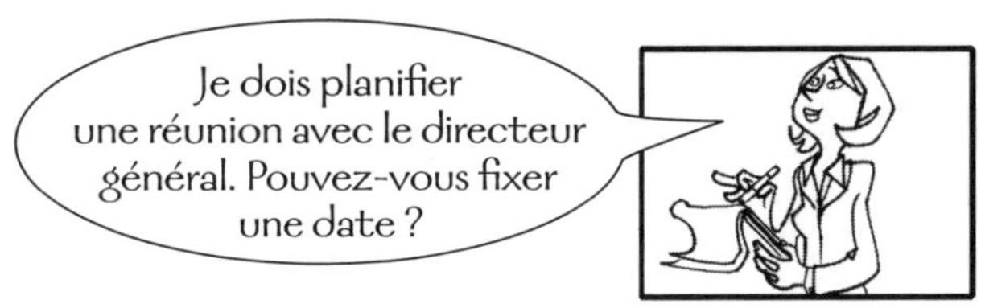

4. ....

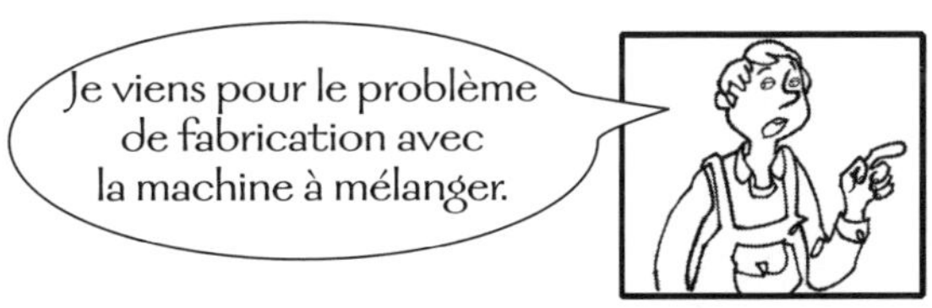

5. ....

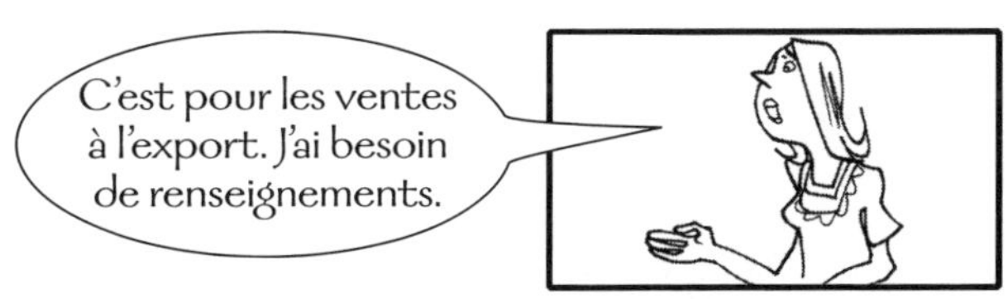

6. ....

C. Vous travaillez au service du courrier. À quelle personne sont destinés les documents suivants ? Notez leur nom.

1. Une très grosse commande avec une demande de réduction : ....

2. Un nouveau catalogue de fournisseurs : ....

3. Un chèque pour payer une facture : ....

4. Une demande d'emploi : ....

5. Un formulaire pour participer à un salon professionnel à l'étranger : ....

6. Une invitation à une conférence sur le management d'entreprise : ....

COMMUNICATION
GRAMMAIRE

↘ *Retenez p. 113*
↘ *Outil ling. n° 1 p. 118*

8 Nominations

Le présentatif *c'est*

Deux nouveaux collègues arrivent dans l'entreprise Spoliac. Vous écrivez un court article pour les présenter dans le journal de l'entreprise. Vous parlez des fonctions de vos nouveaux collègues et de leurs qualités personnelles et professionnelles.

❶
Nom : **Pilar Guezala**
Fonction : **Chef de projet pour la construction de la nouvelle usine**
Service : **Direction générale**

❷
Nom : **Hans Van Apen**
Fonction : **Ingénieur – conception nouveaux produits**
Service : **production – 4 techniciens**

....
....
....
....

C Secret de fabrication

VOCABULAIRE

↘ *Retenez p. 114-115*

9 Secrets de mots

A. Reliez les mots qui vont ensemble pour expliquer la fabrication.

1. découper •	• **a.** dans un bac
2. chauffer / cuire •	• **b.** avec une machine
3. laver •	• **c.** avec un couteau
4. mettre •	• **d.** dans un four
5. fabriquer •	• **e.** avec de l'eau
6. mélanger •	• **f.** dans une boîte

B. Reliez chaque mot et son contraire.

1. chauffer •	• **a.** sucré
2. ouvrir •	• **b.** refroidir
3. rajouter •	• **c.** fluide
4. salé •	• **d.** commencer
5. solide •	• **e.** fermer
6. terminer •	• **f.** enlever

GRAMMAIRE

↘ *Outil ling. n° 5 p. 119*

10 Comment fabriquer des objets en verre

La forme active et la forme passive

Expliquez la fabrication d'un objet en verre. Utilisez la forme passive.

1. On obtient du verre à partir de trois composants : le sable, la soude et la chaux.

Le verre ....

2. On met une goutte de verre dans un moule.

....

3. On souffle le verre mécaniquement.

....

Mémo
Formation du passif :
Être + participe passé

4. On refroidit l'objet en verre avec de l'air ventilé.

....

5. On cuit l'objet en verre dans un four.

....

6. On contrôle l'objet en verre.

....

COMMUNICATION

↘ *Retenez*
p. 114-115

11 Une fiche technique

Rédigez une fiche technique pour expliquer le processus de fabrication d'un objet en verre. Utilisez les phrases de l'activité 10 et utilisez les expressions pour dire la chronologie : ***d'abord, après, enfin, ensuite, plus tard, puis.***

....

....

....

....

GRAMMAIRE

↘ *Outil ling. n° 3*
p. 118

12 Dernières nouvelles

Le pronom personnel indéfini *on*

Annoncez les nouvelles d'une autre manière. Utilisez ***on*** **+ la forme active.**

Mémo

On est toujours sujet d'un verbe à la troisième personne.
Ex : *On visite l'entreprise*

1. UNE DÉLÉGATION JAPONAISE EST ATTENDUE POUR VISITER L'USINE.

....

2. Un nouveau directeur de production est nommé.

....

3. Une nouvelle chaîne de fabrication est installée dans l'usine de Nice.

....

4. Une nouvelle crème est obtenue à partir de produits naturels.

....

5. **80 %** DE LA PRODUCTION EST VENDUE À L'ÉTRANGER.

....

6. Trente ouvriers sont recrutés pour l'usine de Nice.

....

7. *Des invitations sont mises à la disposition du personnel pour l'inauguration de la nouvelle usine.*

....

COMPRÉHENSION

13 Pizza fraîche

Lisez le texte et cochez la bonne réponse.

Une pizza toute chaude

Trois minutes et la machine automatique livre une pizza toute chaude, sept jours sur sept, 24 h sur 24. C'est idéal quand on a une petite faim à la sortie du cinéma ou pour faire un repas quand les magasins sont fermés.

La machine est pilotée par un ordinateur. D'abord, le client met sa carte bancaire dans le distributeur automatique de pizzas. Ensuite, le four électrique chauffe. Quand le client a choisi sa pizza, la pizza est prise dans la chambre froide, puis elle est mise dans le four où elle cuit. Après, elle est mise dans un carton et elle est poussée jusqu'à la sortie. Enfin, le client a sa pizza toute chaude. Bon appétit !

	Vrai	Faux	On ne sait pas
1. On achète la pizza dans un magasin.	❒	❒	❒
2. On peut acheter une pizza à minuit.	❒	❒	❒
3. On peut manger une pizza le dimanche.	❒	❒	❒
4. Il y a sept variétés de pizza.	❒	❒	❒
5. La cuisson dure 5 minutes.	❒	❒	❒
6. Le client paie par carte bancaire.	❒	❒	❒
7. La pizza est présentée dans une boîte.	❒	❒	❒
8. Le client doit faire chauffer la pizza parce qu'elle est vendue froide.	❒	❒	❒

GRAMMAIRE

↘ *Outil ling. n° 6 p. 119*

14 Renseignements

Les verbes *obtenir* et *mettre*

Complétez les explications avec les verbes *mettre* ou *obtenir* conjugués.

1. – Qu'est-ce que vous .... dans cet appareil pour fabriquer ce parfum ?

– Nous .... des pétales de fleurs.

2. – Est-ce que vous .... de bons résultats avec ce procédé ?

– Oui, nous .... de très bons résultats avec ce procédé.

3. – Est-ce que tu .... une fiche technique en allemand avec le produit ?

– Non, je .... une fiche technique en espagnol.

4. – Est-ce qu'on .... facilement un rendez-vous avec le directeur technique ?

– Oui, c'est très facile : on .... son nom sur le planning de rendez-vous sur Internet.

5. – Est-ce qu'ils .... du sucre dans le jus d'orange ?

– Non, ils ne .... jamais de sucre et ils .... un très bon jus d'orange.

D C'est écrit !

COMMUNICATION
Retenez p. 117

15 Que d'interdictions !

A. Indiquez dans quels lieux on peut trouver les panneaux d'interdiction suivants.

un magasin – une entreprise – dans la rue – dans un avion

1. ....
4. ....
6. ....

2. ....
5. ....
7. ....

3. ....

B. Construisez 7 phrases sur une feuille à part avec : ***il est (formellement) interdit de, vous ne pouvez pas, on ne peut pas, … est interdit, vous ne devez pas, il ne faut pas…***

COMMUNICATION
Retenez p. 117

16 Des consignes à suivre

Dans une entreprise, il y a des règles. Écrivez des phrases et utilisez les expressions de l'obligation ou de l'interdiction.

Exemple : Porter un badge pour circuler dans l'entreprise → ***Vous devez / On doit impérativement / Il est obligatoire de porter un badge*** *pour circuler dans l'entreprise.* ***/ Un badge est obligatoire*** *pour circuler dans l'entreprise.*

1. Remplir la fiche de visiteur. → ....

....

2. Mettre un casque de sécurité. → ....

....

3. Respecter les zones interdites sauf autorisation particulière. → ....

....

4. Ne pas dire les secrets de fabrication. → ....

....

5. Lire les consignes de sécurité. → ....

....

6. Utiliser les sorties de secours en cas d'incendie. → ....

....

7. Ne pas prendre les ascenseurs en cas d'évacuation. → ....

....

8. Prévenir les pompiers en cas d'urgence médicale. → ....

....

GRAMMAIRE
COMPRÉHENSION

↘ *Outil ling. n° 4 p. 118*
↘ *Repères culturels p. 122*

17 Des précisions

Les pronoms relatifs *qui / que*

A. Associez les énoncés pour donner les précisions.

1. Joxuit est une grande entreprise	**a.** qu'il va envoyer aux clients.
2. Elle exporte des produits	**b.** qui peut faire un certificat médical.
3. L'assistante de direction accueille les visiteurs	**c.** que les salariés doivent respecter.
4. Le responsable marketing prépare les catalogues	**d.** qui ont du succès dans le monde entier.
5. Le règlement interne est un ensemble de règles	**e.** qui a plus de 500 salariés.
6. Le médecin du travail est un spécialiste	**f.** que le patron va recevoir.

B. Complétez les explications avec *qui / que / qu'*.

1. L'effectif est un critère .... on utilise pour connaître la taille de l'entreprise.

2. Une TPE est une entreprise .... a moins de 20 salariés.

3. Un ouvrier est un salarié .... travaille dans une usine.

4. Une compagnie aérienne est une entreprise .... les passagers utilisent pour prendre l'avion.

5. Une agence de voyage est une entreprise .... vend des séjours touristiques.

6. Un pot est un événement .... on organise pour fêter une promotion, un départ en retraite...

7. L'entretien d'évaluation est une réunion .... les salariés ont tous les ans avec leur supérieur.

8. Un bonus est une somme d'argent .... est versée au salarié quand les objectifs sont atteints.

PHONIE-
GRAPHIE

18 Les sons [y] et [u]

Mémo

Le son [y] peut s'écrire *u, û,* parfois *eu*.
*Ex. : v**u**e, s**û**r, **eu***
Le son [u] peut s'écrire *ou, où, oû*.
*Ex. : c**ou**per, **où**, a**oû**t*
Il y a aussi des mots étrangers qui contiennent le son [u] comme *foot* ou *clown*.

Complétez les mots et ensuite lisez les phrases à voix haute.

1. O..... est sit.....ée votre .....sine ?

2. Elle se tr.....ve dans le s.....d-.....est de la France.

3. Mme Ferret dirige les ress.....rces h.....maines.

4. T..... as v..... la broch.....re p.....blicitaire ?

5. J'ai déc.....pé la page sur un circuit au Pér..... .

6. On a fait un pot au b.....reau pour mon anniversaire. L'assistante est ven.....e avec .....ne m.....sse au chocolat qu'on a g.....té et j'ai ..... un ballon pour j.....er au f.....t.

PHONIE-
GRAPHIE

19 Le son [s]

Mémo

Le son [s] peut s'écrire : *s* ; *ss* entre 2 voyelles ; *c* devant *e, i, y* ; *ç* devant *a, o, u* ; *sc* devant *e, i* ; *t* (mot en *ion*) (sauf *question*).
*Ex. : **s**avon, profe**ss**eur, celui-**c**i, le**ç**on, a**sc**enseur, addi**t**ion*

Complétez les mots et ensuite lisez les phrases à voix haute.

1. Il a ....ous ....a respon.......abilité trois employés.

2. Mme Fabre est la directri.......e de ....et établi.......ement ....ientifique.

3. C'est la ....alle juste en fa.......e.

4. ....tte opérat....... commer.......iale est une belle réali.......ion.

5. La ....o.......iété recherche une hôt.......e pour ren.......eigner les clients.

A Société recrute...

VOCABULAIRE

↘ Retenez p. 127

1 Missions demandées

A. Associez les expressions de chaque colonne pour retrouver les missions. Plusieurs réponses possibles.

1. Accueillir •	• **a.** le chiffre d'affaires
2. Développer •	• **b.** les visiteurs
3. Négocier •	• **c.** des comptes rendus
4. Organiser •	• **d.** une équipe de commerciaux
5. Animer •	• **e.** des contrats de vente
6. Rédiger •	• **f.** l'agenda

B. Associez les expressions pour retrouver les qualités recherchées.

1. Un bon sens •	• **a.** des outils informatiques
2. Des talents •	• **b.** d'organisation
3. La maîtrise •	• **c.** de négociateur
4. Des capacités •	• **d.** du contact

C. Trouvez les paires pour retrouver le vocabulaire de la recherche d'emploi.

1. Une annonce •	• **a.** Les prétentions
2. Une candidature •	• **b.** Un recruteur
3. Un (salaire) fixe •	• **c.** Une offre d'emploi
4. Les ressources humaines •	• **d.** Une lettre de motivation

GRAMMAIRE

↘ Outil ling. n° 1 p. 134
↘ Retenez p. 127

2 Des noms pour le dire

La nominalisation

Lisez l'annonce puis remplacez les verbes par des noms d'action.

PME de 110 salariés
SPÉCIALISÉE DANS LES VÊTEMENTS DE SPORT
Recherche **Chef des ventes**
rattaché au directeur commercial, vous devez :
- **recruter**, **former** et **évaluer** une équipe de commerciaux ;
- **prospecter** la clientèle et **développer** les ventes ;
- **négocier** les contrats ;
- **visiter** les magasins ;
- **organiser** et **animer** des actions promotionnelles ;
- **rédiger** les rapports de visite ;
- **voyager** à l'étranger et **participer** à des salons ;
- **connaître** deux langues étrangères ;
- **maîtriser** les outils informatiques.

Vous avez 5 ans d'expérience dans une fonction similaire.

Adresser dossier de candidature à
E-mail : bnox@wanadoo.fr

PME de 110 salariés
SPÉCIALISÉE DANS LES VÊTEMENTS DE SPORT
Recherche **Chef des ventes**
rattaché au directeur commercial. Votre mission :

– *recrutement*, ... et .... d'une équipe de commerciaux ;
– .... de la clientèle et .... des ventes ;
– .... des contrats ;
– .... des magasins ;
– .... et .... des actions promotionnelles ;
– .... des rapports de visite ;
– .... à l'étranger et .... à des salons ;
– .... de deux langues étrangères ;
– .... des outils informatiques.

Vous avez 5 ans d'expérience dans une fonction similaire.
Adresser dossier de candidature à
E-mail : bnox@wanadoo.fr

COMMUNICATION

↘ *Retenez p. 127*

3 Un poste à prendre

Lisez l'annonce suivante.

Importante société étrangère d'équipement de la maison
recherche pour sa filiale française à Marseille

RESPONSABLE MARKETING JUNIOR

Votre mission :
- lancement et commercialisation de la nouvelle gamme de produits ;
- réalisation d'études de marché ;
- préparation des salons professionnels ;
- proposition d'actions promotionnelles ;
- suivi du chiffre d'affaires des magasins ;
- gestion des dossiers courants ;
- contrôle des actions des chefs de produit.

Votre profil :
- diplômé(e) d'une école supérieure de commerce ;
- sens du contact, autonomie, disponibilité ;
- 3 ans d'expérience, connaissance du marché français.

Envoyer CV + lettre de motivation à candidature@burlax.fr

Un ami francophone cherche du travail et son profil correspond à l'annonce.
Complétez le courriel. Utilisez des verbes au présent, des noms et les expressions *être responsable de… / être chargé de…*

Mémo
être responsable du / de la / d' / des + nom
être chargé(e) du / de la / d' / des + nom

Nouveau message

Envoyer Discussion Joindre Adresses Polices Couleurs Enr. brouillon Navigateur de photos Afficher les modèles

À :

De : Signature : Pro

Objet : Offre d'emploi

Bonjour,

J'ai lu une annonce intéressante pour toi. C'est un poste de ....
pour la filiale française d'une société étrangère .... à Marseille.

Dans ce travail, tu .... du lancement et de la commercialisation de la nouvelle gamme de produits. Tu .... les études de marché et tu .... les salons professionnels. Tu .... des actions promotionnelles. Tu .... du suivi du chiffre d'affaires des magasins. Tu .... les dossiers courants et tu .... les actions des chefs de produit.

Ce poste est pour toi : tu as un bon .... : tu es .... et disponible, tu .... d'expérience et tu .... bien le marché français.

Tu peux .... ton CV et ta lettre de .... à candidature@burlax.fr

Bonne chance !

A +

GRAMMAIRE

↘ *Outil ling. n° 8 p. 135*

4 Rumeurs

Les verbes *savoir* et *connaître*

Mémo

– ***Savoir*** + verbe infinitif
→ *Ex. : Je sais parler anglais.* (= je peux parler anglais)
– ***Savoir*** + mot interrogatif (*ce que / comment / où / pourquoi / quand / si)*
→ *Ex. : Je sais ce que tu fais / comment tu vas / où tu es.....*
(= j'ai des informations sur ce point précis)
– **Savoir** + nom
→ *Ex. : Je sais ma leçon de français.*
(= j'ai appris ma leçon)
– ***Connaître*** + nom
→ *Ex. : Je connais cette personne / ce restaurant.*
(= j'ai déjà rencontré cette personne / on m'a déjà parlé de…)

Complétez les phrases avec *savoir* ou *connaître* au présent.

– Vous .... la nouvelle collègue ?

– Oui, elle .... bien son travail.

– Et je .... comment elle a obtenu ce poste.

– Vous .... ses diplômes ?

– Non, mais nous .... où elle a travaillé.

– Et toi, tu .... ses compétences ?

– Oui, elle .... travailler en équipe.

– Elle .... bien le marché asiatique.

– Et elle .... négocier les contrats.

B 30 secondes pour lire un CV !

COMPRÉHENSION
GRAMMAIRE

↘ *Outil ling. n° 3 p. 134*
↘ *Retenez p. 129*

5 Réussir son CV

Il y a / en / depuis / pendant

A. Lisez le CV et faites correspondre les conseils du recruteur à la partie du CV concernée.

Hervé Durand
29 ans, marié
5 rue de Paris
78000 Versailles
Portable : 06 58 97 85 12
Courriel : hdurand@tele2.fr ← 1

Ingénieur
Trilingue anglais – espagnol ← 2

Formation 2007 : Diplômé de l'École supérieure d'électricité
2002 : Bac S mention très bien ← 3

Expérience professionnelle
Depuis 2008 : Chef de projet – Société Talex
– conduite de projets
– coordination d'équipes ← 4
De juillet à décembre 2007 : Stage de six mois aux États-Unis – Société Himax
– développement de logiciels

Langues : Anglais, pratique professionnelle
Espagnol, bonnes notions ← 5

Connaissances informatiques : ADA, C++

Centres d'intérêt : ← 6
– Association des ingénieurs de SUPELEC : participation à des actions de promotion de l'école
– Pratique du rugby

> **Mémo**
> ***Il y a*** indique la durée entre une action terminée et le moment présent (le verbe est au passé composé).
> ***Depuis*** indique le début d'une action ou d'un état présent qui continue dans le présent (le verbe est au présent).
> ***Pendant*** indique une durée dans le passé, le présent ou le futur.

Les conseils du recruteur

a. Cette rubrique concerne vos loisirs et votre participation à des associations.
b. Vous devez noter le nom des postes et des entreprises avec vos missions.
c. Vous devez donner vos coordonnées.
d. Jeune diplômé, vous n'avez pas beaucoup d'expérience professionnelle : vous devez indiquer votre formation en premier.
e. Vous devez indiquer vos compétences en langues.
f. Indiquer le nom du poste souhaité rend le travail du recruteur plus facile.

a.	....
b.	....
c.	....
d.	....
e.	....
f.	....

B. Vrai ou faux ? Lisez les énoncés et cochez la bonne case.

	Vrai	Faux	On ne sait pas
1. Hervé Durand s'est marié il y a 3 ans.			
2. Il a appris deux langues.			
3. Il a fini ses études en 2002.			
4. Il a travaillé pendant 6 mois comme stagiaire.			
5. Il parle espagnol depuis 4 ans.			
6. Il a travaillé chez Talex en 2007.			
7. Il pratique un sport pendant le week-end.			
8. Il connaît l'informatique depuis six mois.			

C Votre profil nous intéresse !

COMMUNICATION

↘ *Retenez p. 131*

6 Êtes-vous un bon candidat ?

Lisez les questions posées pendant un entretien d'embauche. Quelles réponses choisissez-vous pour avoir des chances d'obtenir le poste ?

1. Pourquoi postulez-vous à cet emploi ?
- ❑ **a.** Pour travailler dans un grand groupe et évoluer dans ma profession.
- ❑ **b.** Pour gagner beaucoup d'argent.

2. À votre avis, quelles sont les qualités importantes pour occuper ce poste ?
- ❑ **a.** Être assez agressif pour prendre votre place.
- ❑ **b.** Aimer les défis et être disponible.

3. Qu'est-ce que vous faisiez dans votre ancien poste ?
- ❑ **a.** J'utilisais beaucoup l'ordinateur pour écrire mes courriels personnels.
- ❑ **b.** Je visitais la clientèle et je rédigeais des rapports de visite.

4. Quelles sont vos principales qualités ?
- ❑ **a.** Je suis autonome mais j'aime aussi le travail d'équipe.
- ❑ **b.** Je suis gourmand, j'aime les bons repas alors je suis très disponible pour les déjeuners d'affaires.

5. Quelle est votre expérience professionnelle ?
- ❑ **a.** J'ai travaillé pendant 3 ans à l'étranger dans un poste similaire. J'ai perfectionné ma connaissance des langues étrangères.
- ❑ **b.** J'ai fait des petits boulots pour avoir du temps libre et pratiquer mes sports préférés.

6. Pourquoi voulez-vous quitter votre employeur actuel ?
- ❑ **a.** Parce que je ne l'aime pas.
- ❑ **b.** Parce que je voudrais avoir plus de responsabilité et réaliser mes objectifs professionnels.

GRAMMAIRE

↘ *Outil ling. n° 2 p. 134*

7 De nouveaux venus

Le passé récent

Mémo

Ne confondez pas :
– ***Venir de*** + un lieu pour indiquer la provenance.
→ *Ex. : Je viens de Tokyo.*
– ***Venir de*** + infinitif pour indiquer qu'une action s'est terminée il y a peu de temps : c'est le passé récent.
→ *Ex. : Elle vient d'arriver en France.*

Complétez les phrases avec *venir de* pour indiquer des actions récentes.

1. Nous .... arriver en France.

2. Ils .... trouver un appartement.

3. Il .... lire une offre d'emploi.

4. Vous .... envoyer votre candidature.

5. Elle .... passer un entretien d'embauche.

6. Je .... signer mon contrat de travail.

7. Tu .... commencer ton travail.

8. Nous .... fêter l'événement !

GRAMMAIRE

↘ *Outil ling. n° 3 p. 134*

8 Des histoires qui durent

Il y a / en / depuis / pendant

Cochez la bonne réponse.

1. Samia est diplômée	❑ depuis	❑ il y a	trois ans.
2. Elle a vécu à Londres	❑ pendant	❑ en	2011.
3. Elle s'est installée en France	❑ il y a	❑ depuis	1 an.
4. Elle a suivi des cours de français	❑ pendant	❑ depuis	6 mois.
5. Elle a commencé à chercher du travail	❑ depuis	❑ en	avril.
6. Elle a effectué un stage chez nous	❑ en	❑ pendant	un mois.
7. Elle a signé son contrat de travail	❑ pendant	❑ il y a	trois jours.
8. Elle travaille avec moi	❑ depuis	❑ il y a	hier.

GRAMMAIRE

↘ *Outil ling. n° 4 p. 134*

9 La parole est aux salariés

L'imparfait

Mémo

La formation de l'imparfait est la même pour tous les verbes sauf le verbe ***être*** :
je suis → j'étais
tu es → tu étais
il / elle est → il / elle était
nous sommes → nous étions
vous êtes → vous étiez
ils / elles sont → ils / elles étaient

Complétez avec les verbes à l'imparfait comme dans l'exemple pour expliquer des situations.

Exemple : À Barcelone, je ..... à 17 h. Maintenant, je finis à 18 h.
*→ À Barcelone, je **finissais** à 17 h. Maintenant, je finis à 18 h.*

1. Avant, le menu à la cantine .... à 5 euros. Aujourd'hui, il est plus cher.

2. Avant la nouvelle loi, nous .... 39 heures. Maintenant, nous travaillons 35 heures.

3. Avant, l'entreprise .... au mois d'août. Maintenant, elle ne ferme plus.

4. L'année dernière, tu .... les nouvelles collègues mais, cette année, tu ne les formes plus.

5. Le mois dernier, vous .... 1 950 €. Ce mois-ci, vous gagnez 2 200 €.

6. Avant, je .... beaucoup mais maintenant je voyage moins.

7. Le mois dernier, nous .... beaucoup de commandes. Ce mois-ci, nous prenons moins de commandes.

8. L'ancienne assistante .... beaucoup d'expérience. La nouvelle assistante a beaucoup moins d'expérience.

9. Avant les clients .... des produits synthétiques. Aujourd'hui, ils veulent des produits naturels.

10. L'ancien directeur .... « bonjour » aux salariés et il nous .... bien. Le nouveau directeur ne dit pas « bonjour » aux salariés et il ne nous connaît pas.

GRAMMAIRE

↘ *Outil ling. n° 5 p. 135*

10 Situation catastrophique !

La forme négative : *ne… pas / ne… plus / ne… jamais*

A. Dites le contraire des phrases pour décrire une situation complètement opposée.

1. Nous avons toujours des augmentations.

....

2. Nous avons souvent des clients importants.

....

3. Les employés ont encore une prime à Noël.

....

4. Nous avons des ordinateurs modernes.

....

5. Le directeur trouve toujours des solutions aux problèmes.

....

6. Les employés sont encore motivés.

....

B. Complétez les phrases avec *ne… pas, ne… plus* ou *ne… jamais*. Plusieurs réponses possibles.

Dans mon ancien boulot, je .... voyageais .... Maintenant, je suis toujours en déplacement et je .... suis .... à la maison. Et quand je .... suis .... en mission à l'étranger, j'ai des réunions qui finissent tard au siège social. À partir d'aujourd'hui, je .... veux .... travailler le soir parce que je .... ai .... le temps de voir mes amis. Si ça continue, je .... aurai .... de temps libre pour ma vie privée. Je suis fatigué, je .... peux .... suivre ce rythme de travail mais je .... sais .... comment le dire à mon patron. J'ai un bon poste et je .... ai .... envie de perdre ma place.

Mémo

Ne… plus indique l'arrêt d'une action. *Ex. : Avant je fumais. Maintenant je ne fume plus.*
Quand on pose une question avec *encore*, la réponse négative est « ne… plus ».
Ex. : – M. Marchand travaille encore ?
– Non, il ne travaille plus.
Ne… jamais (= pas une seule fois).
Quand on pose la question avec *souvent, parfois, quelquefois, toujours*, la réponse négative est « ne… jamais ».
Ex. : – Vous travaillez parfois avec Mme Giraud ?
– Non, je ne travaille jamais avec elle.
À la forme négative, les articles *un, une, des* et les partitifs *du, de la, des* sont modifiés.
Ex. : – As-tu un stylo ?
– Non, je n'ai pas de stylo.

GRAMMAIRE
↘ *Outil ling. n° 6*
p. 135

11 Des lieux à connaître

Le pronom relatif *où*

Reliez les phrases avec *où* comme dans l'exemple.
Exemple : Je suis actuellement à Madrid. Je participe à une conférence dans cette ville.
→ *Je suis actuellement à Madrid* ***où*** *je participe à une conférence.*

1. Je suis allée à Amsterdam. J'ai organisé une réunion avec nos partenaires à Amsterdam.

....

2. Nous allons déménager à Sydney ; mon mari a obtenu un poste de directeur d'usine dans cette ville.

....

3. Elle a fait un stage dans une entreprise aéronautique ; elle a développé des compétences dans cette entreprise.

....

4. Tu as apporté ton ordinateur en panne à l'atelier de maintenance ; les techniciens ont réparé l'appareil dans l'atelier de maintenance.

....

5. Mon assistante a réservé une table au restaurant *Ledoyen* ; j'ai un déjeuner d'affaires avec des clients dans ce restaurant.

....

D Quelles sont les conditions ?

GRAMMAIRE
↘ *Outil ling. n° 7*
p 135

12 Mon nouveau travail

Les mots interrogatifs composés

Vous commencez un nouveau travail. Vous demandez des renseignements à vos collègues.
A. Reconstituez les questions. Reliez les éléments des colonnes 1 et 2.
B. Associez les réponses de vos collègues (colonne 3) aux questions.

Mémo
Le choix de la préposition dépend de la réponse à la question.
Ex : – ***Pour qui*** *travaillez-vous ?*
– Je travaille ***pour*** *une entreprise d'import export.*

Questions		Réponses
1. Avec qui	**a.** prime je peux compter ?	**A.** Dans le bâtiment d'en face.
2. Dans quel	**b.** partenaire nous allons réaliser le projet ?	**B.** Sur un treizième mois.
3. Avec quel	**c.** bâtiment il y a la cantine ?	**C.** Avec le directeur de production.
4. Pour quels	**d.** étage se trouve mon bureau ?	**D.** Pour des magasins néerlandais.
5. Sur quelle	**e.** clients nous allons travailler ?	**E.** Avec une agence de publicité.
6. À quel	**f.** je vais visiter l'usine ?	**F.** Au 2e étage.

Questions	*1 f*	2	3	4	5	6 ....
Réponses	*C*	....	....	....	....	....

COMPRÉHENSION

↘ *Retenez p. 132-133*
↘ *Repères culturels p. 138*

13 Une lettre d'engagement

Lisez le contrat d'embauche et cochez la bonne réponse.

Madame,

Nous avons le plaisir de vous informer que vous êtes engagée chez Paramex, à partir du 3 mars 2012 en contrat de travail à durée indéterminée comme conseillère clientèle.

Période d'essai de 3 mois.

Rémunération brute mensuelle sur la base de 35 heures par semaine : 2 190 euros.

Avantages : 13e mois, téléphone et ordinateur portables.

Lieu de travail : filiale de Bordeaux, nombreux déplacements à Lille.

Congés payés : 5 semaines ; 4 semaines entre le 1er mai et le 31 octobre et une semaine en décembre.

Nous vous remercions de nous retourner un exemplaire de la présente lettre d'engagement avec votre signature précédée de la mention « lu et approuvé ».

Veuillez agréer, Madame, nos meilleures salutations.

Le Directeur des ressources humaines

1. La personne recrutée est…
- ❑ **a.** un homme.
- ❑ **b.** une femme.
- ❑ **c.** on ne sait pas.

2. La personne…
- ❑ **a.** travaille depuis le 3 mars.
- ❑ **b.** va travailler pendant 3 mois.
- ❑ **c.** est arrivée il y a 3 mois.

3. Son salaire est de 2 190 €…
- ❑ **a.** par semaine.
- ❑ **b.** par mois.
- ❑ **c.** pour une durée de trois mois.

4. La personne gagne…
- ❑ **a.** plus que le SMIC.
- ❑ **b.** autant que le SMIC.
- ❑ **c.** moins que le SMIC.

5. Le poste est basé à…
- ❑ **a.** Lille.
- ❑ **b.** Bordeaux.
- ❑ **c.** Lille et Bordeaux.

6. La personne a…
- ❑ **a.** un avantage matériel.
- ❑ **b.** deux avantages matériels.
- ❑ **c.** trois avantages matériels.

7. Elle…
- ❑ **a.** peut prendre tous ses congés en été.
- ❑ **b.** doit prendre plusieurs semaines en hiver.
- ❑ **c.** peut travailler en août.

COMMUNICATION

↘ *Repères professionnels* p. 139

14 Premier emploi

Remettez les éléments de la lettre de motivation dans le bon ordre.

a. Je me tiens à votre disposition pour vous rencontrer et vous exposer mes motivations.

b. Jeune diplômé de l'École supérieure d'électricité, je souhaite intégrer une équipe dynamique pour développer mes compétences. Les stages que j'ai effectués pendant mes études m'ont permis d'acquérir le sens de l'organisation et une bonne pratique de l'anglais professionnel.

c. Objet : candidature au poste d'ingénieur junior

d. Intégrer une grande entreprise et choisir un métier d'avenir correspondent à mon projet professionnel ; c'est pourquoi j'ai lu avec intérêt votre offre d'emploi pour un poste d'ingénieur junior.

e. Madame, Monsieur,

f. Dans cette attente, je vous prie d'agréer, Madame, Monsieur, mes salutations distinguées.

g. Disponible, je souhaite mettre mon enthousiasme et mon goût pour le travail en équipe au service de votre entreprise.

1	....
2	....
3	....
4	....
5	....
6	....
7	....

PHONIE-GRAPHIE

15 Le son [o]

Mémo

Le son [o] peut s'écrire *o* (*m**o**t*), *ô* (*h**ô**tel*), *au* (*f**au**te*) ou *eau* (*gât**eau***).

Complétez les mots avec *o, ô, au* ou *eau*, puis lisez les phrases à haute voix.

1. Il fait tr.....p ch.....d pour travailler !

2. Mon voisin c.....lombien travaille dans un h.....pital.

3. Pendant la p.....se-café, les commerci.....x lisent les journ.....x.

4. Ce styl....., quel b..... cad..... !

5. Il est emb.....ché dans un bur..... d'études qui est à c.....té de chez lui.

PHONIE-GRAPHIE

16 Le son [ɔ]

Mémo

Le son [ɔ] peut s'écrire *o* (*r**o**be*) ou *u* à la fin d'un mot (*alb**u**m*).

Entourez les mots où il y a le son [ɔ] et lisez les phrases à haute voix.

1. Cette société offre un poste proche de mon domicile.

2. Ce modèle de téléphone portable est original et moderne.

3. Il s'est connecté à Internet sur un forum pour donner son avis sur des produits innovants.

4. J'ai négocié une grosse augmentation en octobre.

5. Cet homme a raté son vol parce qu'il n'a pas apporté son passeport.

Compréhension des écrits (30 minutes)

Contenu de l'épreuve (notée sur 25 points / durée 30 minutes) : Vous devez répondre à des questionnaires de compréhension qui portent sur 3 ou 4 courts documents écrits qui ont trait à des situations habituelles en milieu professionnel.

Exercice 1 : Une note de service

Vous venez de recevoir une note de service. Lisez-la et répondez à la question en cochant la bonne réponse.

Gregotex
Direction des ressources humaines

À tous les chefs de service

Note de service n° 32

Objet : planning des congés d'été

Pour établir le planning de congés, vous êtes priés de faire parvenir avant le 20 février les souhaits de vos collaborateurs.

Nous vous rappelons les règles à suivre :
– les congés d'été doivent être pris entre le 1er juin et le 30 septembre
– la durée ne peut pas être de plus de 4 semaines à la suite
– un responsable doit impérativement être présent pour assurer une permanence.

Vous allez recevoir les droits à congé des employés de votre service. Tous les congés doivent être pris avant le 31 mai de l'année prochaine.

Le directeur des ressources humaines
G. Demas

Qu'est-ce que vous devez faire ?

❑ **a.** établir le planning des congés de tout le personnel
❑ **b.** prendre 2 semaines de congé en hiver
❑ **c.** planifier 5 semaines de congé en juillet
❑ **d.** interroger vos collaborateurs
❑ **e.** donner les dates de congé avant le 31 mai
❑ **f.** prendre vos congés en juin de l'année prochaine

Exercice 2 : Une information utile

Vous recherchez un emploi en France et vous lisez l'article suivant.

Recruter sans CV : mode d'emploi

D'abord, les candidats répondent à un questionnaire en ligne (20 à 30 questions). On ne demande pas d'informations sur l'âge, le sexe, le domicile ou les diplômes mais le candidat donne son numéro de téléphone.

Les questions concernent le poste et l'entreprise puis on propose des situations professionnelles aux candidats pour tester leur capacité à avoir le bon comportement. Ensuite, ils ont un entretien avec un responsable pour connaître leurs motivations.

Pour les candidats, c'est une méthode très positive parce qu'elle permet de se vendre et de montrer ses qualités professionnelles. L'entretien permet de bien discuter parce que le recruteur n'a pas le CV.

Pour les entreprises, cette méthode est plus efficace et fonctionne pour tous les postes. Avec cette méthode, il y a beaucoup plus de candidats parce que l'entreprise peut découvrir des profils moins habituels qu'avec le recrutement classique.

De grandes entreprises utilisent ce processus proposé par l'Agence pour l'emploi des cadres (APEC).

Répondez aux questions.

1. Vrai ou faux ? Cochez la case correspondante et recopiez la phrase ou la partie du texte qui justifie votre réponse.

Pour poser votre candidature, vous devez…

	Vrai	Faux
a. donner toutes les informations sur votre état civil et votre situation familiale.	❑	❑
Justification :		
b. envoyer une lettre de motivation.	❑	❑
Justification :		

2. Quelles sont les 2 rubriques présentes dans le questionnaire ?

....

3. Pour le recrutement…

❑ **a.** votre parcours est le plus important.
❑ **b.** votre motivation est très importante.
❑ **c.** les diplômes sont aussi importants que l'expérience.

4. Quels sont les 2 avantages de l'entretien pour le candidat ?

....

....

5. Avec cette méthode, les entreprises…

❑ **a.** reçoivent moins de candidatures qu'avec une méthode habituelle.
❑ **b.** doivent faire une sélection pour certaines professions.
❑ **c.** peuvent trouver des candidatures particulières.

Production écrite (45 minutes)

Contenu de l'épreuve : L'épreuve (notée sur 25 points / durée 45 minutes) comprend deux brèves productions écrites : décrire un événement ou des expériences professionnelles ; écrire pour proposer, demander, informer, référer.

Exercice : Décrire un événement ou des expériences professionnelles

Changement de poste

Vous venez de recevoir le courriel suivant d'une ancienne collègue.

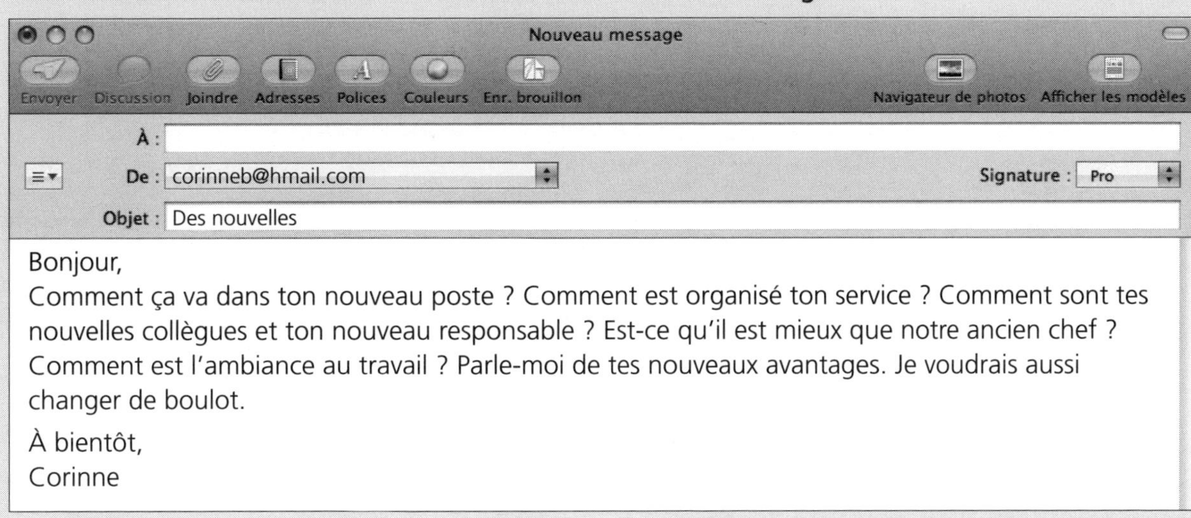
Nouveau message

Envoyer Discussion Joindre Adresses Polices Couleurs Enr. brouillon Navigateur de photos Afficher les modèles

À :

De : corinneb@hmail.com Signature : Pro

Objet : Des nouvelles

Bonjour,

Comment ça va dans ton nouveau poste ? Comment est organisé ton service ? Comment sont tes nouvelles collègues et ton nouveau responsable ? Est-ce qu'il est mieux que notre ancien chef ? Comment est l'ambiance au travail ? Parle-moi de tes nouveaux avantages. Je voudrais aussi changer de boulot.

À bientôt,

Corinne

Vous répondez par courriel à votre ancienne collègue sur une feuille à part (environ 50 mots).

Production et interactions orales

L'oral du DELF A2. Contenu de l'épreuve :

Le DELF A2 se compose de deux parties :

• **Une épreuve de compréhension de l'oral** (notée sur 25 / durée 25 minutes). Vous devez répondre à des questionnaires de compréhension portant sur trois ou quatre courts documents enregistrés sur des situations courantes de la vie professionnelle (deux écoutes).

• **Une épreuve de production et interaction orales** (notée sur 25, note minimale 5/25). Cette épreuve se compose de trois parties. Les trois parties s'enchaînent :

– **un entretien dirigé** (entre une et deux minutes) ;
– **un monologue suivi** (deux minutes) ;
– **un exercice en interaction** (trois à quatre minutes).

Chaque épreuve a trait à des situations de la vie professionnelle. L'épreuve dure de six à huit minutes. La première partie se déroule sans préparation et, pour la deuxième et la troisième, vous avez dix minutes de préparation.

Exercice : Exercice en interaction

Contenu de l'épreuve : Vous tirez au sort 2 sujets et vous en choisissez 1. Vous avez dix minutes de préparation et l'épreuve dure trois à quatre minutes. Vous jouez la situation proposée. N'oubliez pas de saluer et d'utiliser les règles de politesse.

1

Vous recherchez un stage ou un emploi en France. Vous allez dans une agence d'intérim et vous vous présentez. On vous demande de décrire votre formation et votre expérience. Vous parlez de vos qualités et vous précisez quel poste vous recherchez et dans quel secteur d'activité. Vous expliquez pourquoi vous recherchez un stage ou un emploi en France. Vous poserez des questions sur les conditions financières.
L'examinateur joue le rôle du recruteur de l'agence.

2

Vous voulez changer vos dates de congé. Vous en parlez avec votre supérieur et vous expliquez pourquoi.
L'examinateur joue le rôle de votre supérieur.

A Question de bien-être

VOCABULAIRE
GRAMMAIRE
COMMUNICATION

↘ *Retenez p. 143*
↘ *Outil ling. n° 1 p. 150*

Mémo

Y remplace des noms de lieu.
Ex : Je vais au bureau.
Je vais chez le directeur.
Je vais dans une salle de gymnastique.
Je vais en France / à Paris.
→ *J'**y** vais.*

1 Questions de lieux

Le pronom *y*

A. Trouvez le nom des lieux. Plusieurs réponses sont parfois possibles.

1. On y range des dossiers ou des vêtements : ....

2. On y classe des livres : ....

3. On y travaille : ....

4. On y produit des voitures : ....

5. On y retire des billets de banque : ....

6. On s'y fait couper les cheveux : ....

7. On s'y assoit : ....

8. On y voit des spectacles : ....

9. On y déjeune quand on est au travail : ....

B. Décrivez les activités dans chaque lieu. Utilisez le pronom *y*.

1. .... : dans un club de sport.

2. .... : dans la salle de bains.

3. .... : au musée.

4. .... : chez le boulanger.

5. .... : dans une salle de concert.

COMMUNICATION

↘ *Retenez p. 143*

Mémo

– Assez de / Trop de + nom
*Ex. : Il y a **trop de** chaises et **pas assez de** tables.*
– Assez / Trop + adjectif
*Ex. : La salle est **assez** spacieuse mais elle est **trop** bruyante.*

2 Des salariés mécontents

Complétez avec *trop / trop de (d')* ou *assez / assez de (d')* comme dans l'exemple.

Exemple : – Les plats du restaurant d'entreprise ne sont pas très bons !
*(salés) – Je suis d'accord, ils sont toujours **trop** salés.*

1. – Il faut changer les ordinateurs.

(anciens) – C'est vrai, je pense qu'ils sont ....

2. – Ce bureau est petit.

(espace) – C'est vrai, je trouve qu'il n'y a pas .... pour les meubles.

3. – Quelle horreur ! Il fait très froid ici.

(air conditionné) – Il y a ....

4. – Je n'arrive pas à travailler avec ce bruit.

(bruyant) – Oui, c'est vraiment ....

5. – Il fait très sombre dans cette salle.

(lumière) – Tu as raison. Il n'y a pas ....

6. – Je ne sais pas où placer cette armoire.

(meubles) – Je trouve qu'il y a .... dans ce bureau.

7. – Quelle chance ! Tu as obtenu une augmentation !

(élevée) – Oui, mais je trouve qu'elle n'est pas ....

8. – Tu déjeunes à la cantine ?

(mauvais) – Non, je trouve que c'est vraiment ....

COMMUNICATION
GRAMMAIRE

↘ *Outil ling. n° 2 p. 150*

3 Des chiffres et des courbes

De plus en plus / De moins en moins

Observez les courbes et commentez les chiffres. Complétez les phrases avec *de plus en plus (de / d')* ou *de moins en moins (de / d')*.

1. Nombre de touristes en France

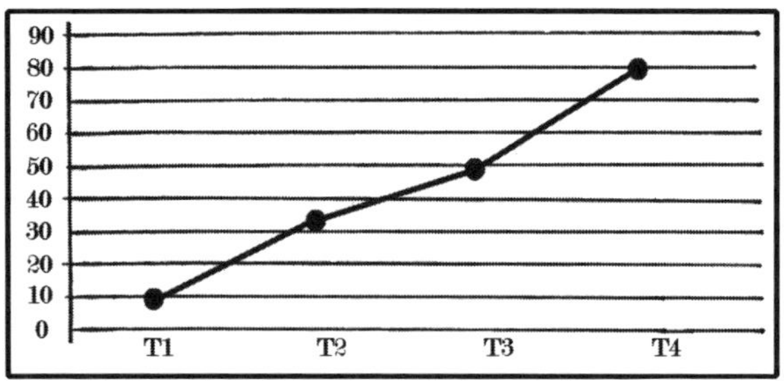

2. Chiffre des ventes de la société NOVA

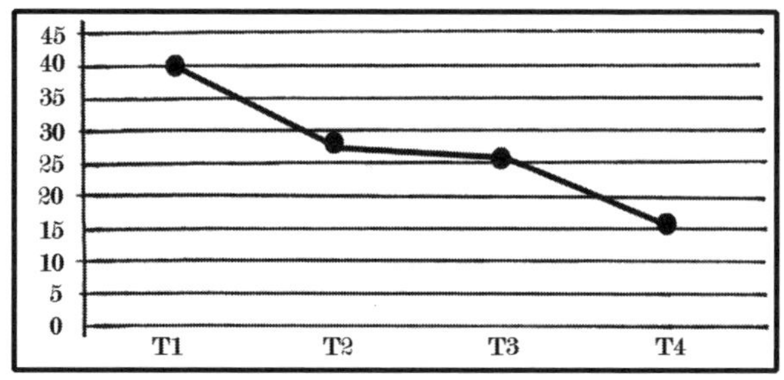

3. Nombre d'abonnés au tennis club

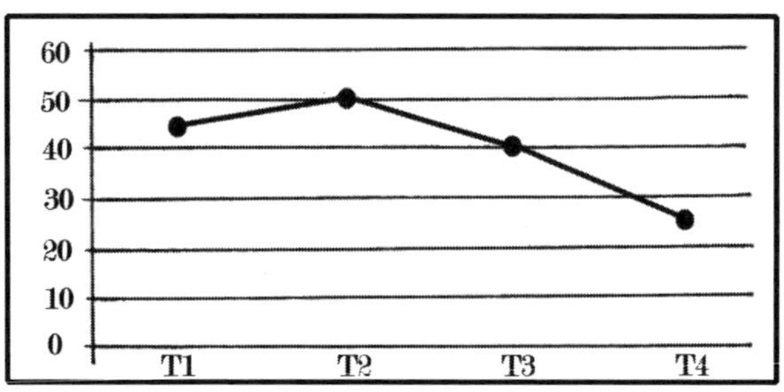

4. Nombre de chômeurs*

*Un chômeur : une personne qui cherche un emploi.

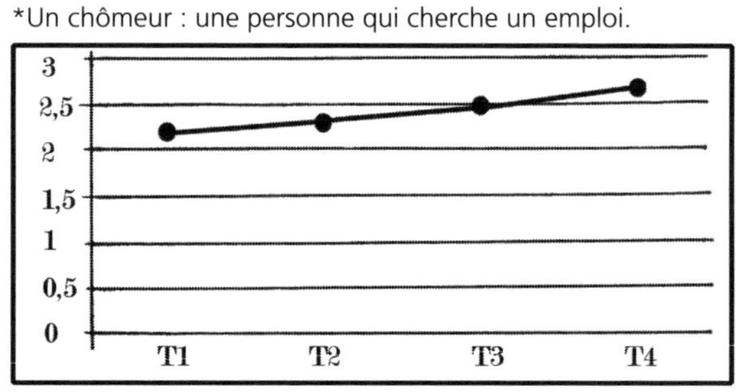

5. Prix à la consommation

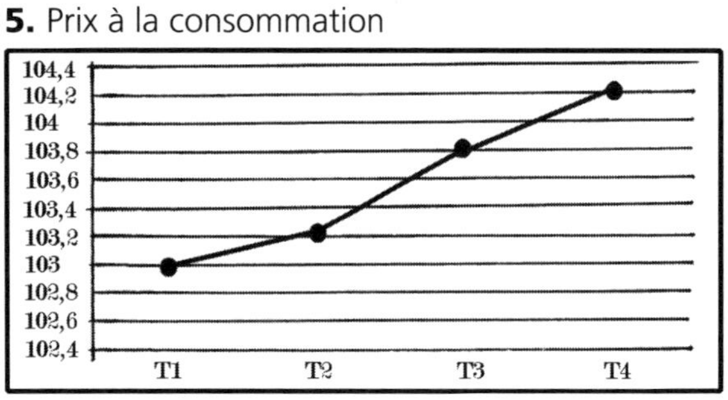

6. Nombre d'entrées au musée

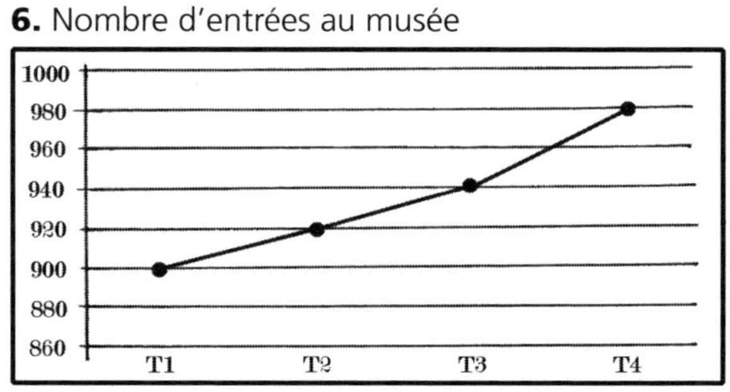

1. La France accueille de .... touristes.

2. Il y a de .... acheteurs pour les produits de la société Nova.

3. Le club de tennis compte de .... abonnés.

4. Les chômeurs sont .... nombreux.

5. Les produits coûtent de .... chers.

6. Le musée reçoit de .... visiteurs.

B Au comité d'entreprise

COMMUNICATION
↘ Retenez p. 145

4 En réunion à la direction des ressources humaines

Associez pour retrouver des phrases en réunion.

1. Nous sommes réunis
2. Commençons
3. Parlons
4. Abordons

a. l'accueil des stagiaires.
b. pour parler des besoins en personnel.
c. par les postes à pourvoir.
d. du plan de formation.

VOCABULAIRE
↘ Retenez p. 145

5 Des mots pour le dire

Complétez le texte avec les mots suivants : *abordés, assemblée générale, compte rendu, faire le point, ordre du jour*.

Tous les ans, l' .... des actionnaires* se réunit pour .... sur les résultats de l'entreprise. Un .... de la réunion est toujours envoyé avec la convocation. Après la réunion, le secrétaire de la séance rédige un .... avec tous les sujets .... et les décisions prises.

*Un actionnaire : un associé dans une société anonyme.

GRAMMAIRE
↘ Outil ling. n° 3 p. 150

6 Un moment, s'il vous plaît !

Le présent continu

Mémo
Au présent continu, le pronom personnel complément d'objet direct est placé avant le verbe à l'infinitif.
Ex. : Je le fais.
→ Je suis en train de ***le*** *faire.*

Répondez aux questions. Utilisez *être en train de* pour indiquer une action en cours et les pronoms personnels *le, la, l', les* comme dans l'exemple.

Exemple : Vous avez terminé le compte rendu ? → Non mais ***je suis en train de le terminer****.*

1. Vous avez négocié les tarifs ? → Non mais ....
2. Est-ce que tu as lu le programme du concert. → Non mais ....
3. Avez-vous fait votre inscription au club de loisirs ? → Non mais ....
4. As-tu préparé la salle de réunion ? → Non mais ....
5. Est-ce que vous avez rédigé le compte rendu ? → Non mais ....
6. Elle a déjà pris son abonnement ? → Non mais ....

GRAMMAIRE
↘ Outil ling. n° 4 p. 150

7 Entre collègues

La forme négative du passé composé

Mettez les verbes au passé composé et à la forme négative pour indiquer des actions non réalisées.

1. Nous .... (ne jamais recevoir) de subvention du comité d'entreprise.
2. Tu .... (ne pas lire) le compte rendu.

3. On .... (ne pas avoir) de réunion de travail aujourd'hui.

4. Elle .... (ne jamais négocier) les tarifs avec ce fournisseur.

5. Vous .... (ne pas s'inscrire) au séminaire.

6. Nous .... (ne pas établir) l'ordre du jour.

7. Je .... (ne jamais prendre) de congé pendant l'été.

8. Nous .... (ne plus répondre) aux demandes de ce client difficile.

9. Elle .... (ne pas aller) au colloque.

10. Il .... (ne pas obtenir) d'augmentation et il .... (ne jamais savoir) pourquoi.

C Infos utiles

GRAMMAIRE
COMMUNICATION

↘ *Retenez p. 147*
↘ *Outil ling. n° 5 p. 150*

8 Partage des tâches

Le futur simple

A. Conjuguez les verbes au futur simple pour indiquer des tâches à venir.

1. Tu .... (envoyer) les invitations.

2. Vous .... (louer) une salle d'exposition.

3. J' .... (appeler) le traiteur pour organiser le cocktail.

4. Nous .... (prendre) des serveurs.

5. Éric .... (aller) chercher les tableaux.

6. Sarah .... (faire) des interviews des artistes.

7. Les stagiaires .... (prendre) des notes.

8. Nous .... (avoir) des renseignements sur les artistes.

9. Sarah .... (devoir) rédiger un article pour le journal de l'entreprise.

10. Vous .... (tenir) une permanence.

11. Nous .... (venir) tous au vernissage.

Mémo

Le futur simple se construit à partir de l'infinitif.
Ex. : demander → elle demandera
Attention !
Il y a des verbes irréguliers.

B. Transformez les phrases 2, 5, 6, 7, 9 et 10 ci-dessus pour donner des consignes de travail. Utilisez les expressions : *je vous demande…, je te demande…, nous vous demandons de…, merci de…*

Exemple : Nous vous demandons / Merci d'envoyer les invitations.

2. ....

5. Éric, ...

6. Sarah, ...

7. ....

9. Sarah, ...

10. ....

COMPRÉHENSION
COMMUNICATION

↘ *Outil ling. n° 5 p. 150*

9 Conseils d'ami

Le futur simple

A. Trouvez l'infinitif des verbes et dites à qui s'adressent ces recommandations.

1. Tu t'habilleras bien. → *s'habiller*

Tu répondras aux questions du recruteur. → ....

Tu feras bonne impression. → ....

Et tu auras le poste ! → .... → ....

2. Tu conduiras lentement. → ....

Tu mettras ta ceinture de sécurité. → ....

Tu ne boiras pas d'alcool. → ....

Et tu seras sain et sauf ! → .... → ....

3. Tu accueilleras les clients avec le sourire. → ....

Tu sauras bien les renseigner. → ....

Tu verras leur satisfaction. → ....

Et tu pourras faire une bonne vente ! → .... → ....

4. Tu ne devras pas arriver en avance. → ....

Tu ne t'assoiras pas avant la maîtresse de maison. → ....

Tu ne mangeras pas avec les doigts. → ....

Et tu reviendras pour dîner ! → .... → ....

B. Rédigez quatre recommandations sur une feuille à part. Utilisez le futur simple.

1. À un nouveau collègue **2.** À un étudiant **3.** À un touriste

D Un programme chargé !

COMMUNICATION

↘ *Retenez p. 149*

10 Programme de visite

Lisez le programme de visite.

8 h 30	Arrivée aéroport de Roissy-Charles-de-Gaulle
9 h 45	Accueil de la délégation – Discours de bienvenue du président
10 h 30	Réunion
12 h 30	Déjeuner
14 h 00	Départ avion pour Bordeaux
16 h	Visite de l'usine : ateliers de montage
17 h 30	Excursion à Arcachon : visite des parcs à huîtres
20 h 30	Dîner Château Larame
23 h	Retour à l'hôtel

Écrivez un courriel pour expliquer le programme de visite de collaborateurs de votre pays à un collègue francophone. Utilisez le futur et faites des suggestions.

Nouveau message

Envoyer Discussion Joindre Adresses Polices Couleurs Enr. brouillon Navigateur de photos Afficher les modèles

À :

De :

Signature : Pro

Objet :

Paul,

Nos collaborateurs arriveront à 8 h 30 à l'aéroport de Roissy-Charles-de-Gaulle. Je propose d'aller les chercher. ....

....

....

....

....

....

....

GRAMMAIRE

↘ *Outil ling. n° 6 p. 151*

11 Travail bien fait

Les pronoms COI

Mémo

Le pronom complément indirect
La forme est la même au masculin et au féminin.
Ex. : Il téléphone au client.
→ *Il **lui** téléphone.*
Il téléphone à sa secrétaire.
→ *Il **lui** téléphone.*
Attention !
– *leur* / *leurs* + nom
*Ex. : Ils téléphonent à **leurs** clients.*
(*leurs* = adjectif donc il s'accorde avec le nom)
– *leur* + verbe
*Ex. : Il **leur** téléphone.*
(*leur* = pronom donc il ne s'accorde pas)

Complétez les phrases avec les pronoms indirects comme dans l'exemple.

*Exemple : – Est-ce que tu as téléphoné au fournisseur ? – Bien sûr, je **lui** ai téléphoné.*

1. – Vous avez parlé au directeur ?

– Oui, nous .... avons parlé.

2. – Est-ce qu'ils ont expliqué le programme de visite aux clients ?

– Bien sûr, ils .... ont expliqué le programme de visite.

3. – Demandez bien leur badge aux visiteurs !

– Entendu, nous .... demandons leur badge.

4. – Est-ce que tu peux m'envoyer les nouveaux tarifs ?

– D'accord, je .... envoie les nouveaux tarifs tout de suite.

5. – Pose la question à la comptable pour le problème de la facture.

– Entendu, je .... pose la question.

6. – Avez-vous proposé une formation aux assistantes ?

– Bien sûr, nous .... avons proposé une formation.

7. – Peux-tu écrire une lettre de convocation aux candidats ?

– C'est noté, je .... écris une lettre de convocation tout de suite.

8. – Est-ce que vous pouvez me communiquer vos coordonnées ?

– Bien sûr, je .... communique mes cordonnées immédiatement.

COMMUNICATION

↘ *Outil ling. n° 6 p. 151*

12 N'oubliez pas !

Les pronoms COI

Transformez les questions de l'activité 11 pour donner des instructions comme dans l'exemple.

Exemple : Est-ce que tu as téléphoné au fournisseur ? → ***Téléphone-lui.***
→ ***Il faut lui téléphoner.*** → ***N'oublie pas de lui téléphoner.***

Mémo

Le pronom complément d'objet indirect se place :
– après le verbe à l'impératif affirmatif
→ *Ex. : Téléphonez-**lui**.*
– avant le verbe à l'infinitif
→ *Ex. : Vous devez **lui** téléphoner.*
– avant le verbe à l'impératif négatif
→ *Ex. : Ne **lui** téléphonez pas.*

1. Vous avez parlé au directeur ?

→ ....

→ ....

→ ....

2. Est-ce qu'ils ont expliqué le programme de visite aux clients ?

→ ....

→ ....

→ ....

3. Avez-vous demandé leur badge aux visiteurs ?

→ ....

→ ....

→ ....

4. Est-ce que tu peux m'envoyer les nouveaux tarifs ?

→ ....

→ ....

→ ....

5. As-tu posé la question à la comptable pour le problème de la facture ?

→ ....

→ ....

→ ....

6. Avez-vous proposé une formation aux assistantes ?

→ ....

→ ....

→ ....

7. Peux-tu écrire une lettre de convocation aux candidats ?

→ ....

→ ....

→ ....

8. Est-ce que vous pouvez me communiquer vos coordonnées ?

→ ....

→ ....

→ ....

COMPRÉHENSION

↘ *Outil ling. n° 6 p. 151*

13 Le jeu de l'inconnu

Les pronoms COI

Dites de quelle personne on parle.

1. Vous lui demandez une augmentation.
2. Vous leur préparez un programme de visite.
3. Vous lui confirmez votre rendez-vous.
4. Vous lui organisez un pot de départ.
5. Vous lui téléphonez pour une réservation d'hôtel.
6. Vous leur faites passer un entretien d'embauche.

a. à la réceptionniste
b. au collègue qui part à la retraite
c. aux clients étrangers
d. à la directrice des ressources humaines
e. aux candidats à un emploi
f. à l'assistante

1	2	3	4	5	6
....	....	....	....	....	....

PHONIE-GRAPHIE

14 Les sons [ɑ̃] et [ɔ̃]

Lisez les phrases et mettez les signes [ɑ̃] ou [ɔ̃] sous les mots pour indiquer la prononciation. Puis lisez les phrases à haute voix.

Exemple : C'est un salon important.
[ɔ̃] [ɑ̃]

Mémo
Le son [ɑ̃] peut s'écrire *an* (***an**glais*), *en* (*att**en**dre*), *am* (***am**biance*), *em* (*t**em**ps*).
Le son [ɔ̃] peut s'écrire *on* (*b**on***) ou *om* (*c**om**plet*) (*m* devant *p* ou *b* ou à la fin de certains mots comme *nom*).

1. Le confort est très important dans cette entreprise.

....

2. Nous disposons de canapés confortables pour nous détendre.

....

3. Les salariés sont contents de l'environnement et de l'ambiance de travail.

....

4. Ce patron est très compétent mais il est exigeant.

....

5. La banque se trouve entre le restaurant et l'agence de voyage.

....

6. Le cours est complet : nous ne prenons plus d'étudiants.

....

7. Nous acceptons les paiements par carte.

....

8. Lundi matin, nous avons une réunion.

....

9. Elle vient en avion.

....

A Je voudrais ouvrir un compte

VOCABULAIRE
↘ *Retenez p. 159*

1 Que de papiers !

A. Associez pour indiquer les documents.

1. Un carnet •
2. Une carte •
3. Une facture •
4. Un justificatif •
5. Une pièce •
6. Une quittance •
7. Un relevé •

• **a.** de loyer
• **b.** d'électricité
• **c.** de chèques
• **d.** d'identité bancaire
• **e.** de crédit
• **f.** de domicile
• **g.** d'identité

B. Classez les expressions. Notez les numéros.

Documents personnels	Documents bancaires
....	....

VOCABULAIRE
↘ *Retenez p. 159*

2 Opérations bancaires

Complétez le tableau avec des verbes et des noms du secteur bancaire.

1. un renseignement	....	**6.** un retrait	....
2.	débiter	**7.** un règlement	....
3. une ouverture de compte	....	**8.** un crédit	....
4.	virer	**9.**	payer
5. une consultation	....	**10.** un prêt	....

COMMUNICATION
↘ *Retenez p. 159*
↘ *Outil ling. n° 1 p. 166*

3 Souhaits et demandes

Le conditionnel de politesse

Conjuguez les verbes au conditionnel pour marquer la politesse.

1. .... (Pouvoir) vous m'indiquer où il y a un distributeur de billets ?
2. Vous .... (avoir) votre dernier bulletin de paie ?
3. Je .... (vouloir) 200 € en espèces.
4. Nous .... (aimer) connaître vos conditions d'ouverture de compte.
5. Tu .... (pouvoir) me prêter 50 € euros ?
6. Je .... (souhaiter) obtenir un crédit.
7. Ce .... (être) possible d'avoir un rendez-vous aujourd'hui ?
8. Nous .... (être) intéressés par votre offre de prêt.

Mémo
*Je **veux** parler au directeur.*
→ Présent de l'indicatif = volonté
*Je **voudrais** parler au directeur.*
→ Conditionnel = demande polie ou souhait

GRAMMAIRE

↘ *Outil ling. n° 1 p. 166*

4 Votre offre nous intéresse

Le conditionnel de politesse

Complétez la lettre de demande de renseignements avec des formules de politesse et les verbes *souhaiter, vouloir, aimer, être, pouvoir, avoir.*

Madame, Monsieur,

Nous .... intéressés par votre offre de prêt et nous .... des renseignements complémentaires. Nous .... rénover nos bureaux et nous .... besoin d'emprunter de l'argent. ....-vous nous communiquer vos conditions pour obtenir un prêt ? Nous .... avoir une réponse rapide.

Veuillez agréer, Madame, Monsieur, nos salutations distinguées.

M. Patouche

COMPRÉHENSION

5 Une offre exceptionnelle

Lisez le document suivant et cochez la bonne réponse.

Chère Madame,
Aéroport de Mexico. Réception des bagages. Votre valise n'est pas là !
Dans cette situation, on aimerait avoir une bonne assurance…
Avec la carte Agro premier, vous bénéficiez d'une garantie pour vos bagages (perte, vol) et d'une assurance pour vos voyages. Votre carte vous offre aussi des capacités élevées de paiement et de retrait.
Vous êtes cliente d'Agrobanque ? Nous vous avons réservé une offre exceptionnelle :

50 % de réduction
sur le prix de votre carte Agro premier la 1re année

Pour obtenir votre carte, complétez et retournez le coupon-réponse ci-joint avant le 30 juin.
En vous remerciant de votre confiance, je vous prie d'agréer, chère Madame, mes salutations distinguées.

M. Lupi, Le directeur d'agence

PS : ***Participez au grand jeu et gagnez un séjour à Mexico.***

1. C'est…
❑ **a.** une page de catalogue.
❑ **b.** une lettre publicitaire.
❑ **c.** une invitation.

2. L'expéditeur est…
❑ **a.** une compagnie aérienne.
❑ **b.** une compagnie d'assurance.
❑ **c.** une banque.

3. Le destinataire est…
❑ **a.** une nouvelle cliente.
❑ **b.** une ancienne cliente.
❑ **c.** une touriste mexicaine.

4. On propose…
❑ **a.** de payer une carte de crédit moins cher.
❑ **b.** de voyager moins cher.
❑ **c.** de prendre une assurance à 50 %.

5. Pour répondre, il faut…
❑ **a.** écrire une lettre.
❑ **b.** envoyer de l'argent.
❑ **c.** remplir un formulaire.

6. Vous pouvez…
❑ **a.** répondre au mois de juillet.
❑ **b.** jouer pour gagner des vacances.
❑ **c.** voyager au Mexique à moitié prix.

GRAMMAIRE

↘ *Outil ling. n° 3 p. 166*

6 Manière de faire

Le gérondif

Répondez comme dans l'exemple pour indiquer les manières de faire.

Exemple : Elle a consulté ses comptes. (taper le code confidentiel)
→ *Elle a consulté ses comptes **en tapant** le code confidentiel.*

1. Elle a rencontré le conseiller. (prendre rendez-vous)

....

2. Vous recevrez une documentation. (remplir le formulaire)

....

3. Vous retirerez de l'argent au distributeur. (introduire votre carte de crédit)

....

4. Elle a payé son loyer. (faire un virement)

....

5. Vous avez trouvé un emploi. (lire les petites annonces)

....

6. Tu as obtenu des renseignements. (appeler le service clientèle)

....

B Vous avez mal où ?

VOCABULAIRE

↘ *Retenez p. 160-161*

7 Qui fait quoi ?

Écrivez « malade » ou « médecin » pour retrouver qui fait quoi.

1. Il ausculte. ....

2. Il tousse. ....

3. Il a du mal à avaler. ....

4. Il prescrit. ....

5. Il rédige une ordonnance. ....

6. Il fait un prélèvement. ....

7. Il vomit. ....

8. Il saigne. ....

COMPRÉHENSION

↘ *Retenez p. 160-161*

8 Des notices à lire

Voici des extraits de notice de médicaments. Faites correspondre les situations et les notices.

Notice 1
Comprimés effervescents
Indications :
– états grippaux
– douleurs dentaires
– migraine

Notice 2
Comprimés
Indications :
– angines

Notice 3
Comprimés
Indications : traitement des rhumes, maux de tête, fièvre

Notice 4
Bande adhésive élastique
Indications :
– traumatologie du sport (entorses, tendinite, déchirures…)

a. Vous avez mal à la cheville : notice n° ....

b. Vous avez mal aux dents : notice n° ....

c. Vous toussez et votre nez est bouché : notice n° ....

d. Vous avez mal à la gorge : notice n° ....

COMMUNICATION

9 Tout va bien

Vous avez besoin d'un certificat médical pour vous inscrire à votre club de sport. Retrouvez l'ordre du dialogue avec le médecin. Plusieurs réponses possibles.

a. – Non, tout va bien.
b. – Bien, déshabillez-vous. Je vais vous ausculter.
c. – Non, juste un rhume cet hiver. Rien de grave.
d. – C'est à qui ?
e. – J'aurais besoin d'un certificat médical pour m'inscrire à mon club de sport.
f. – C'est à moi, docteur.
g. – Bien, bonjour monsieur.
h. – Vous avez été malade cette année ?
i. – Bonjour docteur.
j. – Entrez, je vous prie. Asseyez-vous. Alors, qu'est-ce qui vous amène ?
k. – Je me suis cassé le poignet il y a plusieurs années.
l. – Bien. Quels sports pratiquez-vous ?
m. – Non, j'ai arrêté.
n. – Vous avez des problèmes de santé ?
o. – Je fais de la gymnastique et de la natation.
p. – Vous avez déjà eu des maladies, des opérations ?
q. – Vous fumez ?

1	2	3	4	5	6	7	8	9	10	11	12	13	14	15	16	17
d																

GRAMMAIRE

↘ *Repères culturels p. 170*
↘ *Outil ling. n° 2 p. 166*

10 On a tout ce qu'il faut

Le pronom *en*

Associez les questions et les réponses.

1. Tu as assez d'argent ?
2. Vous avez de la monnaie ?
3. Tu as un cachet d'aspirine ?
4. Tu as une ordonnance ?
5. Tu as un billet à me prêter ?
6. Vous avez des espèces ?

a. Oui, j'en ai.
b. Oui, j'en ai assez.
c. Oui, j'en ai un.
d. Oui, j'en ai une.

1	....
2	....
3	....
4	....
5	....
6	....

GRAMMAIRE

↘ *Outils ling. n° 1 p. 150 et n° 2 p. 166*

11 À vous de choisir !

Les pronoms *y* et *en*

Lisez les phrases. Que remplacent *en* et *y* ? Cochez la bonne réponse.

1. J'**y** achète des médicaments.
a. ❑ sur l'ordonnance **b.** ❑ à la pharmacie **c.** ❑ avec les prescriptions

2. Vous **en** prenez pour dormir.
a. ❑ des somnifères **b.** ❑ les couvertures **c.** ❑ du calme

3. J'**en** fais tous les jours pour être en forme.
a. ❑ la gymnastique **b.** ❑ de la marche **c.** ❑ au tennis

4. Tu **y** vas pour retirer de l'argent.
a. ❑ le compte **b.** ❑ la banque **c.** ❑ au distributeur

COMPRÉHENSION
COMMUNICATION

↘ *Outil ling. n° 2 p. 166*

12 Jeu de mots

Le pronom *en*

A. Que remplace *en* dans les phrases suivantes ?

Exemple : Elle en retire au distributeur automatique bancaire. → ***de l'argent***

1. Le commerçant peut en demander une pour un paiement par chèque. → ....

2. Elle en rédige un pour payer la consultation. → ....

3. L'employeur en fait un pour payer un salaire. → ....

4. Il en prescrit deux cuillères pour le mal de gorge. → ....

Mémo

Attention ! Ne pas confondre :
En préposition → *Ex. : Je vais en France en avion.*
En pronom personnel complément → *Ex. : Du sport, j'en fais.*
En = pour une quantité → *Ex. : J'ai acheté un journal.→ J'en ai acheté un.*
→ *Ex. : J'ai pris trois comprimés.→ J'en ai pris trois.*

Attention ! La quantité se place après le verbe : *Ex. : J'en ai acheté un.*

B. À vous de rédiger cinq phrases sur le même modèle que l'activité A pour les mots suivants : de la natation, du café, des billets d'avion, une voiture, un ordinateur. Écrivez sur une feuille à part.

COMPRÉHENSION

↘ *Retenez p. 160-161*

13 Les maux du bureau

Mémo

Pluriel des noms en *ou*
un cou
→ *des cous*
Attention !
un genou
→ *des genoux*
un bijou
→ *des bijoux*
un chou
→ *des choux*

Lisez le texte.

Vous passez 8 heures par jour assis face à l'ordinateur ou debout toute la journée ! Mal aux yeux, mal au dos, mal aux jambes..... comment éviter tous ces maux* ?

Quand vous travaillez à l'ordinateur, préférez des éclairages indirects comme une lampe de bureau. L'écran doit être placé à 50 centimètres de vous et votre clavier à une distance de 10 à 15 centimètres du bord de la table. Travaillez avec les coudes à angle droit et évitez de plier les poignets. Choisissez une souris adaptée à la taille de votre main. Installez-vous dans un fauteuil confortable : un mauvais siège contracte les muscles de la nuque, des épaules et du dos. Après une heure de travail à l'écran, prenez 10 minutes pour faire quelque chose d'autre.
Être debout toute la journée fatigue et entraîne des douleurs dans les jambes, le dos et le cou. Cela peut aussi créer des problèmes dans les hanches, les genoux et les pieds. Pensez à marcher et à plier les genoux. Portez des chaussures avec un petit talon (2-3 cm). Faites des pauses assises et buvez beaucoup d'eau !

* un mal / des maux

A. Relevez les mots qui désignent les parties du corps et classez-les dans le tableau.

La tête	Le corps	Les membres
	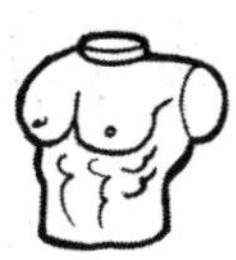	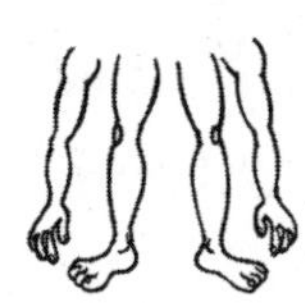 ....
....	....	....
....	....	....
....	....	....
....	....	....

Mémo
Avoir mal à…
(+ *partie du corps*)
Avoir une / des douleur(s) à…
(+ *partie du corps*)
Attention à la contraction des articles !
à + le = au ;
à + les = aux

B. Écrivez le mot avec l'article qui convient dans les phrases pour indiquer des problèmes physiques.

1. Quand on travaille trop à l'ordinateur, on a mal .... 
et à .... .

2. On a aussi des douleurs .... , ... 
et .... .

3. Quand on reste longtemps debout, on a mal .... 
et ....  sont lourdes.

C. Faites correspondre les conseils avec la partie du corps qui convient.

1. Porter des chaussures à petits talons. •	• **a.** Les yeux
2. Marcher et fléchir les genoux. •	• **b.** Le dos
3. S'éclairer avec une lumière douce. •	• **c.** La main
4. Choisir un siège confortable. •	• **d.** Les pieds
5. Ne pas serrer trop fort la souris de l'ordinateur. •	• **e.** Les jambes

C C'est encore en panne !

VOCABULAIRE
↘ *Retenez p. 162*

14 Que de catastrophes !

Complétez les phrases avec les mots suivants : *anomalie(s), cassé(e), bouché(e), bruit, court-circuit, dangereux(se), défectueux(se), en panne, réglé, taché(e).*

1. J'ai fait tomber la lampe et elle est ....

2. Le dépanneur a renversé de l'huile sur la moquette et maintenant elle est ....

3. Le lave-vaisselle fait beaucoup de .... : il est très bruyant.

4. L'imprimante fonctionne mal, c'est anormal. Il y a des ....

5. Le chauffage est mal .... : il fait beaucoup trop chaud.

6. L'ordinateur présente un grave défaut : il est ....

7. Le moteur s'est arrêté et la voiture est ....

8. Il y a de l'eau partout parce que le lavabo est ....

9. La prise électrique est en mauvais état : c'est ....

10. L'électricité a sauté lorsque j'ai branché la télévision : il y a eu un ....

COMMUNICATION
↘ Retenez p. 162

15 Le climatiseur est en panne !

Associez pour retrouver les phrases de la lettre de réclamation.

Objet : **Demande d'intervention**

Monsieur le Directeur,

1. Le climatiseur installé par votre société présente
2. Ce climatiseur ne marche pas :
3. Les clients ne sont pas contents
4. Nous souhaiterions avoir la visite de votre technicien
5. Nous attendons
6. Veuillez agréer, Monsieur le Directeur,

a. nos salutations distinguées.
b. votre rapide intervention.
c. des problèmes de fonctionnement.
d. il ne refroidit pas le magasin.
e. parce qu'ils ont trop chaud.
f. pour réparer l'anomalie.

1	2	3	4	5	6
.....	.....	.....	.....	.....	.....

COMPRÉHENSION

16 Un service après-vente performant

Lisez la lettre et répondez aux questions. Cochez la bonne réponse.

Madame, Monsieur,

Votre chauffe-eau électrique doit être régulièrement vérifié pour garantir une bonne utilisation et éviter des problèmes (bruit anormal, fuite d'eau, etc.).
Notre service après-vente vous propose :
– la visite de la cuve : vidange de l'appareil, vérification du fonctionnement ;
– le contrôle technique : circuit électrique, sécurité...
Un tarif de groupe est accordé à tous les habitants de votre immeuble :

70 euros TTC par chauffe-eau

Vous pouvez bénéficier de cette offre en nous retournant la carte d'entretien par courrier ou en vous connectant sur notre site www.cuvorplus.fr.
Nous vous communiquerons votre rendez-vous par mail.
Dans l'attente de vous rencontrer, recevez, Madame, Monsieur, nos salutations distinguées.

Le responsable du service clients

1. C'est...
a. une lettre de réclamation.
b. une demande d'intervention.
c. une offre de service.

2. L'expéditeur de la lettre écrit parce que...
a. l'appareil doit être contrôlé.
b. l'appareil est en panne.
c. l'appareil est défectueux.

3. 70 euros est le prix...
a. pour le déplacement du technicien.
b. pour une vérification de l'appareil.
c. sans les taxes.

4. On vous propose...
a. de téléphoner.
b. de choisir un jour et une heure de rendez-vous.
c. d'aller sur un site Internet.

GRAMMAIRE
COMMUNICATION

↘ *Outil ling. n° 4 p. 167*

17 Avec des ça !

Le pronom démonstratif *ça*

Complétez les échanges avec les énoncés suivants : *j'adore ça – ça lui plaît beaucoup – ça, c'est sympa – ça n'est pas normal – ne crois pas ça – ça m'ennuie beaucoup.*

Mémo

Le pronom démonstratif neutre ***cela*** est souvent remplacé par ***ça***. Il reprend un groupe de mots qu'on vient de dire.

1	***Collègue :*** Mon ordinateur est encore en panne. .... ***Moi :*** Est-ce que tu veux mon portable en attendant de le faire réparer ? ***Collègue :*** Oui merci. ....
2	***Collègue :*** Nicole est encore absente. Je fais tout son boulot. ***Moi :*** .... ! Tu bosses déjà assez.
3	***Collègue :*** Je pars en voyage en Australie. ***Moi :*** Quelle chance tu as ! Voyager, ...
4	***Collègue :*** Dernière nouvelle : le patron va se marier ! ***Collègue :*** Ce n'est pas vrai, ...
5	***Collègue :*** Léo suit une formation de management. ***Moi :*** Oui, je sais et ....

D Déclaration de vol

COMPRÉHENSION
COMMUNICATION

↘ *Retenez p. 165*

18 Appels à témoins

A. Associez chaque description à la personne qui correspond.

1. Il est grand, avec une moustache et des cheveux bruns. Il porte une casquette et un blouson vert. ....

2. Elle est petite avec de longs cheveux blonds. Elle a un sac en cuir qu'elle porte à l'épaule. Elle a un tailleur pantalon avec un foulard autour du cou. ....

3. C'est un homme âgé. Il est petit, gros et chauve. Il est vêtu d'un costume noir élégant. ....

4. Elle porte des lunettes noires et des chaussures à talons. Elle est grande et frisée. Elle a une veste avec un jean. ....

5. Il est jeune et petit avec des cheveux frisés. Il porte un pull rayé avec un pantalon sport. ....

B. Vous écrivez un courriel (sur une feuille à part) à votre collègue francophone qui doit aller chercher un client à l'aéroport. Vous décrivez votre client.

GRAMMAIRE

↘ *Outil ling. n° 5 p. 167*

19 Faits divers

Le passé composé et l'imparfait

Complétez les témoignages au passé. Utilisez le passé composé et l'imparfait.

1. J' .... (être) à mon bureau quand je / j' .... (entendre) un grand bruit. Je / J'.. (courir) et je / j'.............................. (ouvrir) la fenêtre. Je / j' .... (voir) une voiture qui .... (partir) et un jeune homme allongé par terre. L'ambulance .... (arriver) et un médecin .... (s'occuper) du blessé.

2. Nous .... (faire) la queue au guichet de la banque. Il y .... (avoir) beaucoup de monde. Deux hommes .... (entrer). Ils .... (porter) des casquettes et des lunettes noires. Ils ....(dire) aux clients de s'asseoir par terre. Tous les clients................................ (crier). Les deux hommes .... (aller) vers le guichet et ils .... (demander) la caisse. L'employée .... (trembler) de peur. Elle .... (donner) l'argent. Les deux hommes ....(sortir) en courant.

3. Ma femme .... (prendre) de l'argent au distributeur quand un homme .... (arriver) derrière elle. Quand ma femme .... (mettre) ses billets et sa carte dans son porte-monnaie, l'homme lui .... (arracher) le porte-monnaie et .... (s'enfuir). Elle .... (avoir) tous ses papiers dans son porte-monnaie. Après, elle .... (aller) à la banque pour faire opposition sur sa carte bancaire.

COMMUNICATION

20 Témoignages

Vous avez été témoin d'un de ces trois événements. Racontez ce qui s'est passé sur une feuille à part.

COMMUNICATION
↘ *Retenez p. 165*

21 Objets trouvés

Décrivez les objets trouvés sur une feuille à part.

COMPRÉHENSION

22 Une lettre d'opposition

Retrouvez l'ordre des paragraphes de la lettre d'opposition.

Lettre recommandée avec accusé de réception
Objet : opposition sur carte bancaire
Compte n° 65789422681

Madame, Monsieur,
(**a**) Je confirme cette opposition. Vous trouverez ci-joint une photocopie de ma déclaration de vol.
(**b**) Je vous prie d'agréer, Madame, Monsieur, mes salutations distinguées.
(**c**) J'ai fait une déclaration de vol auprès des services de police et j'ai contacté par téléphone le centre des oppositions des cartes bancaires.
(**d**) Le 20 mai, on m'a arraché mon sac dans la rue. Celui-ci contenait des papiers d'identité et ma carte bancaire n° 12569898741.

1	......
2	......
3	......
4	......

PHONIE-GRAPHIE

23 Les sons [p], [b] et [v]

Mémo
– Le son [p] peut s'écrire *p* (***p**orte*) ou *pp* (*a**pp**orter*). Il y a des mots avec des *p* qui ne se prononcent pas (*com**p**te*).
– Le son [b] s'écrit *b* (***b**ac*).
– Le son [v] peut s'écrire *v* (***v**enir*) ou *w* (***w**agon*) sauf *week-end* (se prononce [w]).

A. Complétez avec *p* ou *pp* et lisez à voix haute.

1. Le photoco.....ieur est en .....anne. J'ai a.....elé le dé.....anneur.

2. Je n'avais pas bon a.....étit. J'ai vu un médecin et il m'a .....rescrit des com.....rimés.

3. A.....orte-moi le ra.....ort de .....olice dans une envelo.....e.

4. J'ai acheté un nouvel a.....areil photo mais il est défectueux.

5. Je dois a.....rendre comment fonctionne mon téléphone .....ortable.

B. Complétez avec [b] ou [v] et lisez à voix haute.

1. J'ai soif, je vais .....oire un .....erre d'eau.

2. Je ne me sens pas .....ien, je .....ais .....oir le médecin.

3. Il est .....ingt-deux heures et je vais prendre un .....ain avant de me coucher.

4. .....iens à dix heures, c'est .....ien comme heure de rendez-vous.

Compréhension des écrits (30 minutes)

Exercice 1 : Un programme culturel

Vous travaillez dans une entreprise française et vous lisez les propositions de loisirs de votre comité d'entreprise.

Côté Sorties

1 Concert de musique classique pour aider les enfants du village de Toma en Afrique.
Jeudi 8 mars 21 h, église Saint-Charles
Tarif des places 10 €

2 Spectacle pour enfants
Théâtre : *L'Enfant sur la montagne*
L'histoire d'un enfant qui visite le monde sur le dos de sa grand-mère.
20 h 30 du 10 au 15 avril, salle de l'Atrium

3 Spectacle de danse : *Flamenco et tango*
Par la compagnie Urieta
Mardi 27 mars - 21 h - Théâtre du Versant

4 Vernissage
Notre collègue et artiste peintre, Marie Darroze, présente ses œuvres au restaurant du golf du Phare.
Vernissage le mardi 3 avril à 19 h.

5 Visite des châteaux de la Loire et du musée de Gien
Week-end de Pâques
Inscriptions jusqu'au 15 mars

6 Vente de tickets de cinéma à prix réduits
Permanence les jeudis et vendredis de 12 h à 14 h

7 Nouveau : Cours de chinois
Les lundis et jeudis soirs 19 h. Inscrivez-vous.

Notez le numéro de l'annonce correspondant à vos choix.

a. Vous allez vous inscrire au circuit de visite culturelle. ....

b. Vous allez profiter de prix intéressants pour voir des films : ....

c. Vous aimez les expositions et vous irez voir les tableaux exposés : ....

d. Vous voulez aller à cet événement pour participer à un projet solidaire : ....

e. Vous voulez offrir un spectacle au jeune fils d'un(e) de vos ami(e) : ....

Exercice 2 : La revue de presse

Vous êtes chargé(e) de lire la presse francophone pour la revue de presse de votre entreprise. Lisez les titres sur le site du *Journal du net* et classez les articles dans la rubrique qui convient. Vous écrivez le chiffre qui correspond à la rubrique.

Transports	Exportations	Secteur bancaire	Marché du travail	Santé
1	**2**	**3**	**4**	**5**

a. Nouvelle baisse des taux d'intérêt : des prêts plus intéressants	n° .....
b. Automobile : les ventes de voiture à l'étranger ont diminué de 4 %	n° .....
c. Un patient revit avec le cœur d'un autre	n° .....
d. Nouvel aménagement pour l'aéroport Roissy-Charles de Gaulle	n° .....
e. Le nombre de demandeurs d'emploi augmente de plus en plus	n° .....

Exercice 3 : Une note de service

Vous venez de recevoir une note de service. Lisez-la et répondez à la question en cochant les deux bonnes réponses.

Confomeuble

De : Direction commerciale

Destinataire : Service expédition

Note de service n° 21

Objet : emballage défectueux

Depuis le début de l'année, dix clients ont constaté des dommages importants sur le mobilier pendant le transport : des chaises de bureau et une armoire sont arrivées cassées.

L'enquête a révélé un emballage des meubles insuffisant.

Vous êtes priés de contrôler impérativement le bon emballage des articles avant l'expédition.

Le service commercial doit être informé des réclamations des clients.

En cas de problème à la livraison, vous devez informer le service commercial en rédigeant un rapport détaillé. Les produits défectueux devront être repris.

Merci de votre collaboration.

E. Marot, directeur commercial

Quelles mesures devez-vous prendre ?

❑ **a.** remplacer les chaises

❑ **b.** réparer l'armoire

❑ **c.** garantir la bonne protection des articles

❑ **d.** trouver un nouveau transporteur

❑ **e.** communiquer un document professionnel s'il y a un problème

❑ **f.** recruter un nouveau collaborateur

Exercice 4 : Une information utile

Vous travaillez dans une entreprise francophone et vous lisez avec intérêt l'article suivant.

Travail au bureau : attention, danger !

Travailler dans un bureau présente des dangers pour la santé des salariés.

Le clavier de l'ordinateur est l'outil avec lequel les mains sont le plus en contact dans un travail de bureau et il est rempli de bactéries. Le risque pour la santé est plus important quand le salarié mange devant son PC, ses mains vont de son clavier à sa bouche. Nettoyer ses outils de travail doit être une habitude au bureau.

Sur le lieu de travail, les contacts physiques, les poignées de main et les poignées de portes favorisent le développement des maladies. Il faut impérativement se laver souvent les mains, se couvrir la bouche quand on tousse ou encore utiliser un mouchoir en papier.

Les employés des centres d'appels téléphoniques et les salariés qui travaillent dans des open space souffrent beaucoup du bruit : casques mal réglés, bruit des machines, discussions entre collègues, conversations téléphoniques...

De nombreux salariés déjeunent sur le lieu de travail face à leur ordinateur parce qu'ils n'ont pas de cantine, parce que le restaurant leur coûte trop cher ou parce qu'ils n'ont pas le temps pour une vraie pause déjeuner. Ce type de déjeuner ne permet pas de bénéficier d'une bonne alimentation parce que les salariés ne changent pas assez de menu tous les jours. De plus, pour faire du bon travail dans l'après-midi, il faut faire une vraie pause à midi et déjeuner loin de son poste de travail pour se détendre.

Répondez aux questions sur les questions d'hygiène.

1. Vrai ou faux ? Cochez la case correspondante et recopiez la phrase ou la partie du texte qui justifie votre réponse.

	Vrai	Faux
a. Le clavier d'un ordinateur n'est pas un danger pour la santé.	❑	❑

Justification : ....

b. Les maladies se développent au bureau.	❑	❑

Justification : ....

c. Les salariés français varient en général leurs repas au bureau.	❑	❑

Justification : ....

2. Que faut-il faire souvent avec les outils de travail pour se protéger des maladies ?

....

3. Quels sont les gestes d'hygiène qui permettent de se protéger des maladies au bureau ?

....

4. Donnez trois sources de bruit au travail.

....

5. Que permet la pause de midi ? *(2 réponses)*

....

Production écrite (45 minutes)

Exercice : Écrire pour proposer, demander, informer, référer

Un rapport

Vous travaillez dans une entreprise francophone et vous avez rencontré un problème dans votre service (vol, panne, accident, aménagement du bureau...). Vous écrivez un bref rapport pour informer votre supérieur et proposer une solution.
Vous écrivez un texte de 60 à 80 mots sur une feuille à part.

Production et interactions orales

Exercice : Monologue suivi

Contenu de l'épreuve : Vous tirez au sort deux sujets au choix et vous en choisissez un. Vous vous exprimez sur le sujet. L'examinateur peut ensuite vous poser des questions pour vous aider à compléter.

Sujet 1 **Vous recevez des collègues francophones dans votre pays. Vous faites un petit discours de bienvenue et vous parlez de votre pays. Vous dites pourquoi vous aimez votre pays. Vous conseillez des lieux à visiter et des sorties. Vous parlez des habitudes culturelles. Vous faites des recommandations et vous dites ce qu'il faut faire et ce qu'il ne faut pas faire.**

Sujet 2 **Vous parlez de votre travail actuel. Vous dites ce que vous aimez, ce que vous n'aimez pas et ce que vous voudriez changer.**

Unité 1 p. 4-12

1. Identités : **1.** Il – **2.** Elles – **3.** Nous – **4.** Je – **5.** Elle – **6.** Vous

2. Présentations : **1.** suis – **2.** est – **3.** sont – **4.** êtes – **5.** est – **6.** sont

3. Cartes de visite : A. 1. Murielle Barque : Coiffeuse, dessin c – **2.** Jacques Douté : Avocat, dessin g – **3.** Gabrielle Lounier : Serveuse, dessin e – **4.** Loïc Briand : Pharmacien, dessin a – **5.** Gilles Faréo : Présentateur, dessin d – **6.** Sabine Pitavy : Informaticienne, dessin f – **7.** Didier Tournon : Infirmier, dessin b – **8.** Virginie Marin : Actrice, dessin h

4. Mots croisés

A.

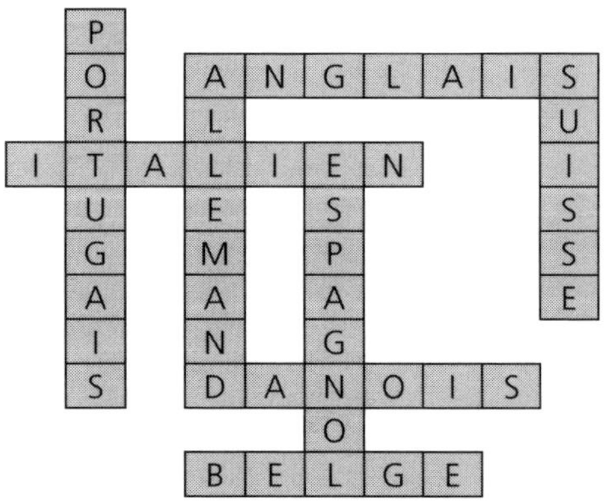

B.

Pays	Adjectif féminin	Adjectif masculin (même prononciation)	Adjectif masculin (prononciation différente)
1. Angleterre	anglaise		anglais
2. Allemagne	allemande		allemand
3. Belgique	belge	belge	
4. Danemark	danoise		danois
5. Espagne	espagnole	espagnol	
6. Italie	italienne		italien
7. Portugal	portugaise		portugais
8. Suisse	suisse	suisse	

5. Personnel international : **1.** Un – **2.** Une – **3.** Une – **4.** Un – **5.** Un – **6.** Une – **7.** Une – **8.** Un

6. Genre : Un : 3, 5, 6, 8 – Une : 2, 9, 10, 11, 13, 15 – Des : 1, 4, 7, 12, 14

7. Enchanté ! : *Ordre du dialogue :* 5, 3, 1, 4, 2

8. Salutations : **1.** ça va / je vais / tu vas – **2.** allez-vous / nous allons / vous allez

9. Conversations : **1.** tu vas / je vais – **2.** s'appelle / il s'appelle / il est – **3.** vous êtes / je m'appelle – **4.** vous vous appelez / s'appellent

10. Lieux de rendez-vous : chez S. C. M – à Grenoble – dans une société japonaise – dans une université – à Tokyo – chez Renault – à Dakar – chez M. Grimaud – dans une banque – à Montréal

11. Tout faux : Nom : Benett – Prénom : Myriam – Nationalité : Américaine – Situation de famille : Divorcée – Profession : Ingénieure – Adresse : 34 rue de Volvic, 26320 Saint-Marcel – Employeur : Société Syntaxe

12. Dates : **1.** 8 mai 1996 – **2.** 29 décembre 2003 – **3.** 4 mars 1984 – **4.** 22 octobre 2000 – **5.** 14 février 1979 – **6.** 25 août 2006

13. Le mot de trop : *Mots intrus :* **1.** profession – **2.** nationalité – **3.** date de naissance – **4.** adresse

14. Savoir vivre : **1.** s'il vous plaît / Merci / Au revoir – **2.** Bonjour / merci

15. Interrogatoire : 1 d – 2 e – 3 b – 4 c – 5 a

16. Demande d'informations : Questions sur l'identité : 1, 3, 7 – Questions sur la nationalité : 2, 6 – Questions sur la profession : 4, 5

17. Sondage : **1.** Quelle – **2.** Quel – **3.** Quelle – **4.** Quelle – **5.** Quel – **6.** Quelle – **7.** Quelle

18. C'est à moi : **1.** Mon prénom – **2.** Ma nationalité – **3.** Ma date de naissance – **4.** Mon adresse – **5.** Mon lieu de naissance – **6.** Mon passeport – **7.** Mon visa – **8.** Ma profession – **9.** Mon employeur – **10.** Ma collègue Caroline – **11.** Ma directrice

19. Formalités : **1.** 23 rue de Strasbourg, 33000 Bordeaux. – **2.** Non, je suis belge. – **3.** Je suis médecin. – **4.** Je m'appelle Frédéric Merckx. – **5.** Oui, je suis marié. – **6.** Oui, c'est fmerckx arobase free point fr. – **7.** Ça s'écrit F R É (e accent aigu) D É (e accent aigu) R I C.

20. Sigles : 1 c – 2 d – 3 a – 4 h – 5 b – 6 g – 7 e – 8 f

21. Carnet d'adresses : **1.** barth@club-internet.fr – **2.** max.dub@free.net

22. Question de relations : À une personne peu connue : 1, 3, 4 – À une personne proche : 2, 5

23. Cartes de visite : **a.** carte 2 – **b.** carte 4 – **c.** carte 1 – **d.** carte 4 – **e.** carte 3 – **f.** carte 1

Unité 2 p. 13-22

1. Demandes polies : **1.** Bonjour mademoiselle, je voudrais un visa s'il vous plaît ! – **2.** Pardon monsieur, je pourrais avoir votre passeport ? – **3.** Excusez-moi madame, quelle est votre adresse ? – **4.** Merci beaucoup pour le café ! – **5.** Je vous remercie pour la photocopie ! – **6.** Excusez-moi Julie, je voudrais le fichier s'il vous plaît !

2. Tu ou vous ? : 1 a – 2 b – 3 a – 4 a – 5 b – 6 b – 7 a – 8 b

3. Dans l'entreprise : **1.** une – **2.** une – **3.** une / des / un / un

4. Interrogatoire : **1.** avez / avons / ont / a – **2.** avez / ai – **3.** avons / as

5. Secteurs d'activité : 1 f – 2 c – 3 b – 4 d – 5 a – 6 e

6. Être ou pas : j'ai / je suis / j'ai – je suis / j'ai – j'ai / je suis

7. Le bon numéro : 47 : quarante-sept – 16 : seize – 31 : trente et un – 22 : vingt-deux – 19 : dix-neuf – 53 : cinquante-trois – 6 : six – 44 : quarante-quatre

8. Questions précises : habitez / travaillez – suis – travaillez – suis – êtes – ai – travaille / est – est

9. Pays d'Europe : **1.** L' – **2.** L' – **3.** La – **4.** Le – **5.** L'– **6.** L' – **7.** La – **8.** La – **9.** La – **10.** La – **11.** L' – **12.** Le – **13.** La – **14.** La – **15.** Le – **16.** Le – **17.** La – **18.** La – **19.** La – **20.** Les

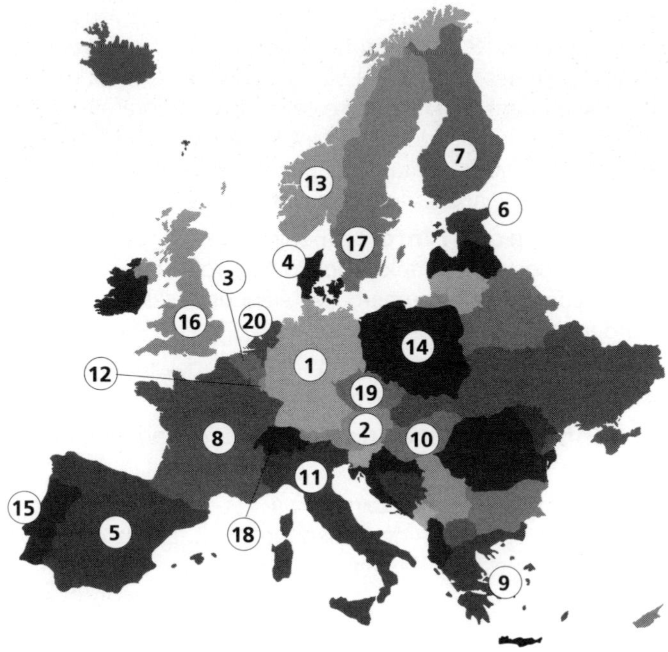

10. Globe-trotters : **1.** au / à / chez – **2.** à / pour – **3.** chez / en – **4.** pour / à – **5.** à / au – **6.** en / à – **7.** au – **8.** chez / en

11. La famille : *Mots intrus :* **1.** la mère – **2.** la grand-mère – **3.** le petit-fils – **4.** le frère – **5.** le fils – **6.** la grand-mère

12. Ma famille : Je m'appelle Catherine Blanchet, j'ai 42 ans, je suis mariée. Mon mari s'appelle Bruno Castaldi, il a 45 ans. Nous avons trois enfants : un garçon et deux filles. Notre fils a 14 ans, il s'appelle Sébastien. Nos filles s'appellent Murielle et Chloé. Elles ont 11 et 7 ans. J'ai un frère, il s'appelle Mathieu, il a 37 ans et il est marié. Sa femme s'appelle Sylvie Pinaut. Elle a 33 ans. Mon père s'appelle Georges Blanchet, il a 65 ans. Ma mère s'appelle Judith Caron, elle a 63 ans.

13. Appartenance : **1.** notre livre / nos dossiers / notre ordinateur / notre fiche / nos stylos / notre adresse – **2.** son livre / ses dossiers / son ordinateur / sa fiche / ses stylos / son adresse – **3.** mon livre / mes dossiers / mon ordinateur / ma fiche / mes stylos / mon adresse – **4.** votre livre / vos dossiers / votre ordinateur / votre fiche / vos stylos / votre adresse – **5.** leur livre / leurs dossiers / leur ordinateur / leur fiche / leurs stylos / leur adresse – **6.** ton livre / tes dossiers / ton ordinateur / ta fiche / tes stylos / ton adresse

14. Habitudes : **1.** Je vais parfois / quelquefois à la campagne. – **2.** Nous mangeons rarement au restaurant. – **3.** Ils regardent souvent la télé. – **4.** Tu n'écoutes jamais la radio. – **5.** Mon père regarde rarement ses messages. – **6.** Nous ne sommes jamais malades. – **7.** Jacques parle parfois / quelquefois anglais au bureau. – **8.** Mes collègues arrivent toujours à l'heure.

15. Lieux et activités : A. et B. **1.** rencontre / tape / proposent / consultes / travaillons – **2.** téléphone / travaille / parlent / écoute – **3.** explique / posent / répétons / étudie

16. Désolé ! : **1.** je ne parle pas russe. – **2.** ils n'habitent pas ici. – **3.** je ne travaille pas chez Monoprix. – **4.** tu ne regardes pas mes messages. – **5.** il ne dîne pas avec nous. – **6.** nous n'aimons pas le thé. – **7.** vous n'étudiez pas le dossier.

17. Caractères opposés : **1.** Moi, je ne parle jamais anglais. – **2.** Toi, tu ne prépares jamais les réunions. – **3.** Elle, elle n'écoute jamais les informations. – **4.** Nous, nous ne travaillons jamais tard. – **5.** Eux, ils ne discutent jamais au restaurant. – **6.** Vous, vous ne montrez jamais vos projets.

18. Des goûts et des couleurs : A. adorer – aimer / apprécier – ne pas aimer / ne pas apprécier – détester

B. **1.** adorent – **2.** déteste – **3.** aimons / apprécions – **4.** adore – **5.** n'aimes pas – **6.** n'aime pas – **7.** déteste – **8.** adorent – **9.** aimez / appréciez – **10.** n'aime pas / n'apprécie pas

19. Tous les goûts sont dans la nature : **1.** b / d / k / n – **2.** e / f / j / o – **3.** c / h / i / l – **4.** a / g / m

20. Goûts musicaux : **1.** Lui – **2.** Vous – **3.** Toi – **4.** Elles – **5.** Elle – **6.** Moi – **7.** Eux – **8.** Nous

21. Qui est-ce ? : A. Il s'appelle Pierre Pons, il a 45 ans, il est marié, il a trois enfants, il habite à Marseille. Il est français. Il est consultant. Il aime le tennis et le football. Il n'aime pas les voyages et la musique classique.
Elle s'appelle Julia Pozzi, elle a 30 ans. Elle est célibataire, elle habite à Florence. Elle italienne. Elle est pharmacienne, elle aime les films français et la danse. Elle n'aime pas l'informatique et la télé.

22. Interview : 1 h – 2 g – 3 i – 4 b – 5 f – 6 d – 7 j – 8 c – 9 a – 10 e

23. Que faire ?

B	U	I	T	A	F	O	N
U	F	A	I	S	O	N	S
F	A	R	F	U	N	I	F
A	F	E	O	T	T	B	E
I	C	F	R	F	A	I	R
T	U	A	A	S	T	O	A
E	M	I	S	F	A	I	T
S	A	S	O	T	I	L	E

24. Météo : a 1 – b 6 – c 2 – d 4 – e 3 – f 5

DELF pro A1 p. 23-24

Compréhension des écrits : 1 b – 2 b

Production écrite : M. Nom : Charron – Prénom : François – Société : Cableplus – Code postal : G1C2X5 – Adresse : 253 rue Saint-Paul, Québec – Pays : Canada – Tél. : 418-780-3593 – Courriel : fcharron@cableplus.ca – Fonction : Directeur – Secteur d'activité : Télécommunications – Département / Service : Commercial

Unité 3 p. 25-34

1. À qui ? : A. aux – à la – à l' – aux – au / à la – aux ; **B.** à mes – à ma – à mon – à mes / des – à mon / à ma – à des / mes

2. Les mots qu'il faut : 1 b – 2 b – 3 a – 4 a – 5 a

3. Rendez-vous : Salut – remercie – message – désolée – absent – moment – peux – organiser – réunion – appelle – fixer – bientôt

4. Communication : **1.** répondent – **2.** attendons – **3.** entends – **4.** réponds – **5.** attend – **6.** entendez

5. Possibilités : **1.** peux – **2.** pouvez – **3.** peux – **4.** peut – **5.** pouvons – **6.** peuvent

6. Numéros de téléphone : 1. 02 53 28 90 03 – **2.** 06 41 89 45 57 – **3.** zéro un, trente-six, dix-neuf, soixante-deux, quatre-vingt-seize – **4.** zéro cinq, vingt-neuf, seize, zéro zéro, quatre-vingts

7. Vie sociale : 1. Je t'appelle lundi. – **2.** L'assistante vous téléphone. – **3.** Nous t'invitons au restaurant. – **4.** Le directeur vous écoute. – **5.** Les stagiaires te regardent. – **6.** Michaël vous explique le dossier. – **7.** Ta collègue te présente un client. – **8.** Je vous parle.

8. De bonnes raisons : 1 d – 2 a – 3 b – 4 e – 5 f – 6 c – 7 g

9. C'est quand ? : A. 1. Le 24 avril, c'est un mercredi. – **2.** Le 6 avril, c'est un samedi. – **3.** Le 16 avril, c'est un mardi. – **4.** Le 16 mai, c'est un jeudi. – **5.** Le 12 juin, c'est un mercredi. – **6.** Le 30 juin, c'est un dimanche. – **7.** Le 1er juillet, c'est un lundi. – **8.** Le 19 juillet, c'est un vendredi.
B. 1. C'est le dimanche 31 mars. – **2.** C'est le mercredi 1er mai. – **3.** C'est le mercredi 8 mai. – **4.** C'est le jeudi 9 mai. – **5.** C'est le dimanche 14 juillet.

10. Conversation téléphonique : 1 a – 2 i – 3 d – 4 c – 5 g – 6 h – 7 e – 8 b – 9 f

11. Planning chargé : Jeudi 3 mars : 8 h rencontre président – 14 h Chambourcy – 16 h réunion au bureau – 18 h dentiste. Vendredi 4 mars : 10 h préparation interview – 15 h budget – 19 h dîner Luc et Sophie.

12. Journées bien remplies : Aujourd'hui, je joue au tennis à 8 heures. Et j'ai une réunion avec l'équipe de direction à 10 heures. Je déjeune à 13 heures avec Philippe. Cet après-midi, j'étudie le dossier « Finiac » et j'ai un rendez-vous téléphonique avec M. Prion à 17 heures. Ce soir, je dîne au restaurant pour l'anniversaire de Claude. Demain matin, je prends l'avion pour Toulouse à 8 heures. À 10 heures, je rencontre les ingénieurs d'Airbus. Je déjeune avec le directeur des ressources humaines à 13 heures. Je visite l'usine à 14 heures et je rentre à Paris à 18 heures.

13. Tu es où ? : 1. Je suis au restaurant. – **2.** Je suis à la maison. – **3.** Je suis à la gare. – **4.** Je suis au bureau. – **5.** Je suis à l'hôpital. – **6.** Je suis à l'aéroport.

14. Temps libre : 1. allez – **2.** regardez – **3.** allez – **4.** allez – **5.** allez – **6.** faites – **7.** visitez – **8.** visitez – **9.** écoutez – **10.** regardez – **11.** allez

15. Pour finir, il faut choisir : Choisir : je / tu choisis – il / elle choisit – nous choisissons – vous choisissez – ils / elles choisissent. Finir : je / tu finis – il / elle finit – nous finissons – vous finissez – ils / elles finissent

16. Invitations en série :

A.

	Invitation 1	Invitation 2	Invitation 3	Invitation 4
Qui invite ?	Renault	Sarah	Le responsable marketing	Paul et Sophie
Qui est invité ?	Vous	Franck	Tous les collaborateurs	Vous
Quand ?	Le mercredi 18 janvier à 18 h 30	Vendredi soir à 21 h	Le jeudi 2 mars à 15 h	Le samedi 8 juillet à 20 h
Où ?	Au Parc des expositions, stand n°8	26 bd Saint-Germain, Paris 6e	Dans la salle de réunion	Au restaurant « Le Bleuet »
Pourquoi ?	L'inauguration du Salon de l'automobile	Son anniversaire	Lancement du produit « Cirella »	Leur mariage
Pour quoi faire ?	Un cocktail	Une fête	Une réunion d'information	Un dîner

B. 1. À l'occasion de la Fête nationale, la mairie vous invite le 14 juillet à 18 heures à la projection du film *Marianne* dans la salle des fêtes. **2.** À l'occasion de l'ouverture du nouveau restaurant, le DRH invite tous les collaborateurs à un apéritif dans la salle de restaurant le 10 février à 12 heures.
C. Bonjour/Salut – invitation – personnes – cocktail – stand – automobile – adores/aimes – invite – libre

17. Merci pour l'info ! : Bonjour, Je n'ai pas les coordonnées de votre employeur. Pouvez-vous me communiquer l'adresse et le numéro de téléphone, s'il vous plaît ? Cordialement, Benoît

18. Règles de politesse : 1. dois – **2.** devons – **3.** doit – **4.** dois – **5.** devez – **6.** doivent

19. Entre pouvoir et devoir : *Phrases correctes* :1 b – 2 a – 3 a – 4 b – 5 a

20. Questions importantes : 1. Est-ce que vous avez le numéro de téléphone de la banque ? – **2.** Est-ce qu'il doit envoyer un message demain ? – **3.** Est-ce que tu as un téléphone portable ? – **4.** Est-ce que nous pouvons consulter la messagerie ?

21. Parlez-vous informatique ? : a 5 – b 8 – c 3 – d 7 – e 4 – f 2 – g 6 – h 1

21. Lettres muettes : 1. Nous répondons au téléphone. – **2.** Je finis les fiches. – **3.** Tu dois envoyer un texto ? – **4.** Il attend un coup de téléphone. – **5.** Les directeurs choisissent le logo.

Unité 4 p. 35-45

1. Dites-moi… : 1. Où – **2.** Quand – **3.** Qui – **4.** Quand – **5.** Qui – **6.** Où

2. Lieu ou choix ? : 1. ou – **2.** ou – **3.** Où – **4.** ou – **5.** où

3. Petit service : train – réservation – aller-retour – départ – classe – abonnement – retour – partir

4. Départs en masse ! : 1. partons – **2.** pars – **3.** partez – **4.** partent – **5.** pars – **6.** part – **7.** part

5. À votre service ! : A. L'agent de voyage : 2, 3, 6, 9 – Le client : 1, 4, 5, 7, 8. **B.** 8 – 2 – 7 – 3 – 5 – 6 – 1 – 9 – 4

6. Question de volonté : 1. je veux – **2.** il veut – **3.** tu veux – **4.** elles veulent – **5.** nous voulons – **6.** vous voulez

7. Mots cachés :

D	Z	B	A	C	C	U	E	I	L
E	O	Y	T	H	H	V	T	R	A
C	T	A	X	E	A	S	O	N	T
O	A	L	I	Z	M	U	I	W	R
R	R	P	D	V	B	B	L	X	I
A	I	U	O	Q	R	L	E	U	P
T	F	K	U	Y	E	P	N	B	L
I	J	D	B	D	O	U	C	H	E
O	O	A	L	I	A	E	J	N	T
N	I	S	E	R	V	I	C	E	S

8. Un hôtel pour vous ! : A. L'auberge du Nord : grande, belle, agréable, exceptionnelle, confortable, jolie, accueillante, moderne
B. 1. C'est un grand hôtel. – **2.** C'est un bel hôtel. – **3.** C'est un hôtel agréable. – **4.** C'est un hôtel exceptionnel. – **5.** C'est un hôtel confortable. – **6.** C'est un joli hôtel. – **7.** C'est un hôtel accueillant. – **8.** C'est un hôtel moderne.

9. Personnel irréprochable : **1.** gentilles – **2.** sympathiques – **3.** souriantes – **4.** élégant – **5.** compétent – **6.** contents

10. Nouveautés : **1.** nouvel – **2.** nouveaux – **3.** nouvelle – **4.** nouveau

11. Mission à Nantes : A. Articles définis : le centre – la ville – les chambres – l'hôtel – les clients – les employés – le service. Articles indéfinis : un hôtel – une station – un petit déjeuner – un jardin – un parking – une chambre – une connexion.
B. un hôtel – l'hôtel – la gare – la station – un bon hôtel – Le numéro – une proposition – un message – le dossier – un rendez-vous – le directeur commercial – la société – des questions

12. Réservation : Date d'arrivée : 6 juin – Date de départ : 10 juin – Nombre de personnes : 2 – Nombre de nuits : 4 – Type de chambre : chambres doubles avec douche – Nombre de chambres : 2 – Nom et prénom : Aurelle Édith – Société : G.R.A. – Tél. : 01 32 54 87 03

13. Je voudrais une chambre : 3 nuits. – Le 13 avril. – Une chambre double avec salle de bains. – Une. – Martin Pierron. – Oui, c'est le 03 54 39 06 76. – 06 54 38 99 41.

14. Le bon étage : RdeC : au rez-de-chaussée – 1 : au premier – 2 : au deuxième – 5 : au cinquième

15. Rendez-vous :

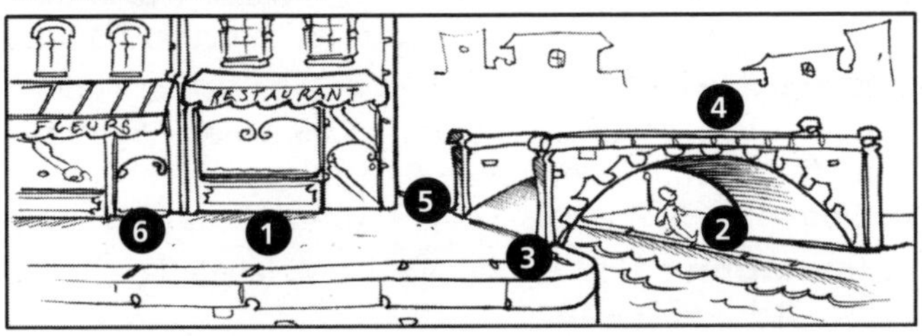

16. Boutiques et services : **1.** à côté de la – **2.** derrière la – **3.** en face de la – **4.** à côté du – **5.** à côté du – **6.** entre la – **7.** à côté du

17. Comptabilité : **1.** 235 € – **2.** 144,20 € – **3.** 400 € – **4.** 1 024 € – **5.** Sept cent cinquante-neuf euros – **6.** Trois cent quatre-vingt-treize euros – **7.** Six cent soixante-seize euros – **8.** Cent quatre-vingt dix-sept euros cinquante

18. Les dérivés de prendre : A. Prendre : un billet – le bus – le planning – l'avion ; Apprendre : le français – la grammaire ; Comprendre : le français – la grammaire – le planning
B. 1. apprends / comprends – **2.** prends – **3.** apprend / comprend – **4.** prenons – **5.** comprenez / prenez – **6.** prennent

19. Demande de renseignements : A. 1. Où est la poste s'il vous plaît ? – **2.** Est-ce qu'il y a des toilettes ici ? – **3.** Vous savez où est la banque ? – **4.** Il y a un distributeur à côté des escaliers ? – **5.** Est-ce que l'hôtel est à côté de la gare ?
B. 1. a – **2.** a – **3.** b – **4.** b – **5.** b

20. Spécificités : **1.** Bus, arrêt, ticket, trajet, chauffeur / conducteur – **2.** Métro, station, ticket, trajet, conducteur – **3.** Avion, aéroport, billet, vol, pilote – **4.** Train, gare, billet, trajet, conducteur

21. Moyens de locomotion : **1.** en train – **2.** en métro – **3.** à moto – **4.** en voiture – **5.** en avion – **6.** en taxi – **7.** à vélo

22. C'est l'heure ! : A. 1 e – 2 a – 3 d – 4 b – 5 c.
B. 1. Il est zéro heure. / Il est douze heures. / Il est minuit. / Il est midi. – **2.** Il est 10 heures trente-cinq. / Il est vingt-deux heures trente-cinq. / Il est 11 heures moins vingt-cinq. – **3.** Il est sept heures vingt-cinq. / Il est dix-neuf heures vingt-cinq. **4.** Il est dix-huit heures cinq. / Il est six heures cinq.

23. Verbes croisés : **1.** descendons – **2.** descendent – **3.** descends – **4.** descend – **5.** descends – **6.** descendez

24. Indications : A. confirme – dois – vas – prends – finis – peux – est – montes – habite – descends – peux – veux
B. vous confirme – vous devez – Vous allez – vous prenez – vous finissez votre – vous pouvez – est – vous montez – habite – Vous descendez – Vous pouvez – vous voulez

25. Bienvenue sur les routes de France : **1.** Choisis / choisissez – **2.** Note / notez – **3.** Fais / faites – **4.** Pars / partez – **5.** Évite / évitez – **6.** Range / rangez – **7.** Aie / ayez – **8.** Prends / prenez

26. Qu'est-ce qu'on fait ? : h – a – f – g – c – e – d – b

DELF pro A1 p. 46-47

Compréhension des écrits

Exercice 1 : **1.** a – **2.** c – **3.** à 19 heures – **4.** b – **5.** Oui

Exercice 2 : **1.** M. Fabert – **2.** b – **3.** Société Lalune – **4.** a – **5.** Oui

Unité 5 p. 48-56

1. Interrogations : **1.** Est-ce que vous travaillez loin de chez vous ? – **2.** À quelle heure est-ce que vous prenez votre petit déjeuner ? – **3.** Pourquoi est-ce que vous vous levez tôt ? – **4.** Est-ce que vous avez beaucoup de réunions ? – **5.** Où est-ce que vous déjeunez ? – **6.** Quand est-ce que vous faites du sport ? – **7.** Pourquoi est-ce que vous ne prenez pas votre voiture ? – **8.** Quand est-ce que vous quittez votre bureau ?

2. Activités quotidiennes : A. *Intrus* : **1.** s'endormir – **2.** se reposer – **3.** s'allonger – **4.** se coucher
B. Dans une chambre : s'endormir, s'habiller, se préparer, se reposer, s'allonger, se maquiller, se lever, se réveiller, se coucher. Dans une salle de bains : se doucher, se laver, s'habiller, se préparer, se maquiller, se raser.

3. Une journée active : je me lève – je me douche – je me prépare – je m'installe – je regarde – je prépare – je présente – j'organise – je ne me couche – je m'endors

4. Échanges : **1.** vous entraînez, nous entraînons → e – **2.** vous levez, me lève → a – **3.** se préparent, se maquillent, s'habillent → b – **4.** me repose, m'occupe, m'investis → d – **5.** vous installez, m'installe, m'intéresse → c

5. Vos activités de loisirs : A. 1 a – 2 g – 3 c – 4 d – 5 i – 6 b – 7 j – 8 h – 9 e – 10 f
B. 1. Je joue de la guitare, aux échecs, au basket-ball, du piano. **2.** Je fais de l'escalade, de la marche, du ski, de la natation, de la guitare, du vélo, de la voile, du basket-ball, du piano.

6. C'est non stop ! : **1.** toute – **2.** toutes – **3.** tous – **4.** toute – **5.** tous – **6.** tout – **7.** tous – **8.** tout

7. D'où viennent-ils ? : **1.** de France – **2.** du Japon – **3.** des États-Unis – **4.** de l'Ukraine – **5.** du Vietnam – **6.** de

Russie – **7.** des Pays-Bas – **8.** d'Italie – **9.** du Brésil – **10.** de Corée

8. Horaires d'avion : 1. d'Abidjan / de Côte d'Ivoire – **2.** à Orly sud – **3.** de Roissy – **4.** à Athènes / en Grèce – **5.** d'Agadir – **6.** à 11 h 55 – **7.** à Aqaba / en Jordanie – **8.** des Pays-Bas – **9.** d'Alicante / d'Espagne – **10.** 10 h 15 – **11.** de Paris.

9. Projets d'entreprise : A. 2. La direction va acheter – **3.** Les hôtesses vont avoir – **4.** Notre compagnie va faire – **5.** Nous allons travailler – **6.** Nous allons proposer – **7.** Vous allez voyager – **8.** Les avions vont être

10. Faites-vous confiance aux guides gastronomiques ? d'abord – après / ensuite – après / ensuite – Pour finir

11. Forum : *Proposition de corrigé :* Quand je cherche un bon restaurant, d'abord, je lis les guides gastronomiques. Ils sont très utiles pour trouver un lieu original et sympathique. Il y a des informations sur le décor, la qualité, l'accueil et le prix. J'aime bien aussi lire les journaux spécialisés ou consulter les sites Internet pour voir de bonnes adresses pas chères. Ensuite, je demande à mes amis des adresses et, pour finir, je choisis le restaurant.

12. Boire caché !

M	N	V	B	O	I	V	E	N	T
A	J	B	U	V	E	Z	E	Z	P
O	I	R	V	E	N	T	I	T	S
H	K	B	O	S	E	N	T	O	I
J	U	I	N	E	S	P	V	I	R
B	O	I	S	S	N	T	B	U	V
J	Y	Z	S	R	B	O	I	S	S
G	V	B	O	I	T	H	R	E	N
A	V	O	I	T	B	U	V	O	I

13. Recette de crêpes : 250 grammes de farine, 4 œufs, 3/4 de litre de lait, 1 cuillère à soupe de fleur d'oranger, 40 grammes de beurre, une pincée de sel

14. Tout à emporter : A. 1. Vrai – **2.** Faux – **3.** Vrai – **4.** Faux – **5.** Faux

B. 1. Végétarienne : des tomates, du fromage, du thon, des poivrons, des champignons, des artichauts, des olives – **2.** Exotique : des tomates, du fromage, du jambon, de l'ananas – **3.** Rimini : de la crème fraîche, du poulet, des pommes de terre, des oignons – **4.** Pacifique : de la crème fraîche, du saumon, des crevettes, du citron – **5.** Salade du chef : de la salade verte, des tomates, des haricots verts, du maïs, du ciron, de l'huile d'olive – **6.** Salade norvégienne : de la salade verte, du saumon fumé, de l'avocat, des olives, de la crème fraîche – **7.** Salade royale : de la salade verte, des tomates, du chèvre, des croûtons de pain, du vinaigre, de l'huile d'olive

15. Liste de courses : A. et B. 1. du yaourt → a. un pot de yaourt – **2.** des fleurs → b. un bouquet de fleurs – **3.** du parfum → d. un flacon de parfum – **4.** des œufs → c. une boîte d'œufs – **5.** de l'eau gazeuse → g. une bouteille d'eau gazeuse – **6.** de la bière → h. une canette de bière – **7.** du dentifrice → e. un tube de dentifrice – **8.** du riz → f. un paquet de riz

16. Votre régime : Je mange : des fruits – des légumes – du poisson – de la salade. Je ne mange pas : de chocolat – de tarte – de pain – de beurre – de croissant – de sucre. Je bois : de l'eau – du jus d'orange. Je ne bois pas : de vin – de soda.

17. Exclamations ! : A. 1. b, g – **2.** a – **3.** e, g – **4.** c, h – **5.** f, g – **6.** f, g – **7.** d, f, g – **8.** c

B. *Suggestions de réponses :* Les bureaux sont modernes. → C'est agréable ! – Il y a une cantine. → C'est super ! C'est pratique ! – Les employés travaillent trop ! → Ce n'est pas normal !

18. Jeu d'Internet : 1. Cliquer – **2.** Naviguer – **3.** Télécharger – **4.** Afficher – **5.** Page – **6.** Site – **7.** Lien – **8.** Fichier

19. Précisions utiles : 1. de l'architecte – **2.** du service marketing – **3.** de la société SFK – **4.** du mercredi 23 – **5.** des banques – **6.** du président – **7.** des partenaires

20. Le vocabulaire des transports : 1. aéroport – **2.** aller-retour – **3.** arrêt de bus – **4.** atterrissage – **5.** billet – **6.** décoller – **7.** départ – **8.** destination – **9.** passagers – **10.** première – **11.** réservation – **12.** siège – **13.** terminal – **14.** trajet – **15.** arrivée

Unité 6 p. 57-65

1. Échanges : Un client : 3, 5, 6, 7, 9, 11, 13, 14 – **Un serveur :** 1, 2, 4, 8, 10, 12

2. Au restaurant : 1. le menu – **2.** la viande – **3.** la commande – **4.** la garniture – **5.** le verre – **6.** l'addition / la note

3. Menu à la carte : A. 1. légumes – **2.** poisson et légumes – **3.** fruits – **4.** viande et légumes – **5.** légumes – **6.** fruits – **7.** fruits – **8.** légumes et fruits – **9.** viande et légumes

B. Entrées : 1, 5, 8 – Plats : 2, 4, 9 – Desserts : 3, 6, 7

4. Invitation : 1. les – **2.** le – **3.** l' – **4.** le – **5.** la – **6.** le – **7.** les – **8.** l' – **9.** la – **10.** l'

5. Déjeuner d'affaires : 1. Non, je ne le connais pas. – **2.** Oui, bien sûr, nous les attendons pour commander. – **3.** Oui, je le choisis. – **4.** Non, je ne l'aime pas. – **5.** Oui, je les commande. – **6.** Ah non, on ne la partage pas. – **7.** Oui, je les offre à la fin du déjeuner.

6. Directives : 1. Fixez-la, s'il vous plaît. – **2.** Faites-les, s'il vous plaît. – **3.** Préparez-les, s'il vous plaît. – **4.** Prenez-le, s'il vous plaît. – **5.** Ne les oubliez pas, s'il vous plaît. – **6.** Annulez-les, s'il vous plaît. – **7.** Écrivez-le, s'il vous plaît. – **8.** Ne l'acceptez pas, s'il vous plaît.

7. Des questions à gogo : 1. Qu'est-ce que vous prenez ? – Que prenez-vous ? **2.** Qu'est-ce que vous désirez ? – Vous désirez quoi ? **3.** Tu bois quoi ? – Que bois-tu ? **4.** Vous aimez quoi comme gâteau ? – Qu'aimez-vous comme gâteau ? **5.** Qu'est-ce que vous faites comme travail ? – Vous faites quoi comme travail ? – **6.** Tu dis quoi ? – Que dis-tu ? **7.** Qu'est-ce que vous choisissez comme restaurant ? – Que choisissez-vous comme restaurant ? **8.** Vous proposez quoi comme entrée ? – Que proposez-vous comme entrée ? **9.** Qu'est-ce que vous attendez ? – Qu'attendez-vous ? **10.** Qu'est-ce que vous demandez ? – Vous demandez quoi ? **11.** Qu'est-ce que nous achetons pour dîner ? – Qu'achetons-nous pour dîner ? – **12.** Qu'est-ce que vous écoutez comme musique ? – Vous écoutez quoi comme musique ?

8. Pull en solde : f – j – g – d – a – c – h – b – e – i

9. L'intrus : *Mots intrus* : **1.** cuir – **2.** veste – **3.** goûter

10. Cadeau d'adieu : cette – cette – cet – cette – cette – ces – ce – ce – cet – cet – cet

11. Questions de choix : 1. Laquelle ? Celle-ci ou celle-là ? – **2.** Lequel ? Celui-ci ou celui-là ? – **3.** Lesquels ? Ceux-ci ou ceux-là ? – **4.** Laquelle ? Celle-ci ou celle-là ? – **5.** Lesquelles ? Celles-ci ou celles-là ? – **6.** Lequel ? Celui-ci ou celui-là ?

12. Enquête de satisfaction : + plus / = aussi / – moins + adjectif + que
+ plus de / = autant de / – moins de + nom + que
Verbe + plus / = autant / – moins + que
Attention : meilleur

13. Critiques gastronomiques : 1. moins – **2.** meilleur – **3.** plus – **4.** aussi – **5.** plus de – **6.** plus – **7.** moins – **8.** moins de – **9.** moins

14. Nouvelle adresse : appartement – immeuble – ascenseur – quartier – fait – pièces – séjour – chambres – cuisine – salle de bains – étage – vue – proximité – loyer

15. Questions utiles : 1 d – 2 i – 3 a – 4 j – 5 h – 6 b – 7 f – 8 e – 9 c – 10 g

16. Conversations de bureau : A. Événements passés : 2. hier matin – 3. la semaine dernière – 5. le mois dernier – 7. lundi dernier – 8. hier – 9. mardi. **Événements futurs :** 1. La semaine prochaine – 4. le mois prochain – 6. L'année prochaine

17. Événements passés : 1. tu as trouvé – **2.** j'ai visité – **3.** Paul a réservé – **4.** Ma directrice est partie – **5.** Vous avez changé – **6.** M. Labesse est venu – **7.** Nous sommes allés – **8.** J'ai choisi – **9.** Les clients chinois sont arrivés – **10.** Tu es sortie – **11.** Tu as fini – **12.** Mme Brice est passée

18. Mission organisée : Ce que j'ai fait : 2. J'ai mis la marchandise dans le colis. – 4. J'ai rempli le bon de livraison. – 6. J'ai fait la facture. **Ce que je n'ai pas fait :** 3. Je n'ai pas expédié le colis. – 5. Je n'ai pas prévenu le client d'un retard de livraison. – 7. Je n'ai pas lu les avis des internautes. – 8. Je n'ai pas répondu aux réclamations.

19. Nouvelle collection : Homme : 1, 3, 6, 12 – **Femme :** 4, 7, 10, 11 – **Homme ou femme :** 2, 5, 8, 9, 13

20. Le son [ɛ] : regardé – profité – réduction – commandé – payé – vérifié – trouvé – qualité – envoyé – réclamation – préféré – respecté – délais – remboursé – téléphoné – employé – demandé – numéro – société

DELF pro A1 p. 66-67

Compréhension des écrits

Exercice 1 : 1. Envoyer un mail à bberragain@yahoo.fr. – **2.** Annonce 2. – **3.** Michel poste 4897.
Exercice 2 : c et g

Production écrite

Exercice 1 : *Cocher* : accueil – salle de restaurant – service – repas – prix

Unité 7 p. 68-76

1. Le bon mot : 1. créée – **2.** située / implantée – **3.** activité – **4.** chiffre d'affaires – **5.** gamme – **6.** vendons / exportons

2. Les points cardinaux : 1. La Belgique est située au nord de la France. – **2.** Le Portugal se trouve à l'ouest de l'Espagne. – **3.** L'Allemagne est située à l'est des Pays-Bas. – **4.** Le Danemark se trouve au nord-est de la Belgique. – **5.** L'Italie est située au sud-est de la France. – **6.** La République Tchèque se trouve au sud-ouest de la Pologne.

3. Des courses à faire : 1. une poissonnerie – **2.** un(e) fleuriste – **3.** une librairie – **4.** un coiffeur, une coiffeuse – **5.** une parfumerie – **6.** un pâtissier – **7.** un boucher – **8.** un salon de beauté

4. Entreprises à vendre : *Propositions de corrigés.*
Annonce 1. L'entreprise a été créée en 1982 et son siège social se trouve à Strasbourg. L'usine est située en Alsace. Son chiffre d'affaires est de 25 000 000 € et elle emploie 80 personnes. Elle produit et commercialise des produits sanitaires : saunas, spas, cabines de douche avec une gamme de 50 modèles. Sa clientèle comprend des magasins de bricolage et des plombiers. Elle est leader sur le marché européen des produits sanitaires et exporte en Europe et aux États-Unis.
Annonce 2. Cette société, créée en 1995 a son siège social implanté à Lille. Son chiffre d'affaires annuel est de 5 000 000 € et son effectif est de 12 employés. Elle importe des tee-shirts dans une gamme de 30 coloris pour des impressions publicitaires. Ses clients sont des agences de communication et des entreprises. Elle possède un entrepôt situé dans une zone industrielle avec un parking et elle a une filiale de distribution qui se trouve en Espagne.

5. Activités : 1. construit / vend – **2.** produisons / vendons – **3.** construis / vendent – **4.** construisez / vendez – **5.** produis / vends – **6.** produisent / vends

6. Des chefs d'entreprise célèbres : A. et B. 1. C'est, C'est, Il, c'est : Steve Jobs – **2.** C'est, Elle, C'est : Coco Chanel – **3.** C'est, Il, Il : Richard Branson – **4.** C'est, C'est, c'est, il : Alfred Nobel – **5.** C'est, il, c'est, il : Mark Zuckerberg

7. J'ai rendez-vous : A. 1. Chef comptable – **2.** Assistante de direction – **3.** Directrice des ressources humaines – **4.** Responsables des achats – **5.** Directeur commercial
B. 1. Muriel Vasseur – **2.** Charles Radin – **3.** Quentin Maurois – **4.** Myriam Pilat – **5.** Hervé Gautier – **6.** Michel Dufoit
C. 1. Michel Dufoit – **2.** Charles Radin – **3.** Quentin Maurois – **4.** Muriel Vasseur – **5.** Michel Dufoit – **6.** Pierre Laborde

8. Nominations : 1. Mme Pilar Guezala est chef de projet. Elle dirige / est chargée / responsable de / en charge de la construction de la nouvelle usine. Elle travaille avec la direction générale. C'est une femme très expérimentée et brillante. **2.** M. Hans Van Apen est ingénieur. Il est responsable / chargé / en charge de la conception des nouveaux produits. Il travaille au service de la production et a sous sa responsabilité / est assisté par quatre techniciens. C'est un homme très apprécié et efficace.

9. Secrets de mots : A. 1 c – 2 d – 3 e – 4 f – 5 b – 6 a. **B.** 1 b – 2 e – 3 f – 4 a – 5 c – 6 d

10. Comment fabriquer des objets en verre : 1. Le verre est obtenu à partir de sable, de soude et de chaux. – **2.** Une goutte de verre est mise dans un moule. – **3.** Le verre est soufflé mécaniquement. – **4.** L'objet en verre est refroidi avec de l'air ventilé. – **5.** L'objet en verre est cuit dans un four. – **6.** L'objet en verre est contrôlé.

11. Une fiche technique : Le verre est obtenu à partir de trois composants : le sable, la soude et la chaux. D'abord, une goutte de verre est mise dans un moule. Ensuite, le verre est soufflé mécaniquement. Après, l'objet en verre est refroidi avec de l'air ventilé. Plus tard, l'objet en verre est cuit dans un four. Puis l'objet en verre est contrôlé. Enfin, il est mis en vente.

12. Dernières nouvelles : 1. On attend une délégation japonaise pour visiter l'usine. – **2.** On nomme un nouveau directeur de production. – **3.** On installe une nouvelle chaîne de fabrication dans l'usine de Nice. – **4.** On obtient une nouvelle crème à partir de produits naturels. – **5.** On vend 80 % de la production à l'étranger. – **6.** On recrute trente ouvriers pour l'usine de Nice. – **7.** On met des invitations à la disposition du personnel pour l'inauguration de la nouvelle usine.

13. Pizza fraîche : 1. Faux – **2.** Vrai – **3.** Vrai – **4.** On ne sait pas – **5.** Faux – **6.** Vrai – **7.** Vrai – **8.** Faux

14. Renseignements : 1. mettez, mettons – **2.** obtenez, obtenons – **3.** mets, mets – **4.** obtient, met – **5.** mettent, mettent, obtiennent

15. Que d'interdictions ! : A. un magasin : 1, 3, 5 – une entreprise : 1, 3 – dans la rue : 4, 6 – un avion : 2, 3, 7
B. Il est (formellement) interdit d'entrer / de fumer / de boire l'eau / d'entrer avec une boisson / de stationner / d'avoir des objets inflammables / de mettre des objets inflammables dans les bagages.
Vous ne pouvez pas / vous ne devez pas / on ne peut pas / on ne doit pas / il ne faut pas entrer / fumer / boire l'eau / entrer avec une boisson / avoir des objets inflammables / mettre dans les bagages des objets inflammables.
Entrer / fumer / boire l'eau / entrer avec une boisson / les objets inflammables sont interdits ; le stationnement est interdit / les boissons sont interdites dans le magasin.

16. Des consignes à suivre : 1, 2, 3, 5, 6, 8. Vous devez / on doit impérativement / il est obligatoire de / il faut remplir la fiche de visite / mettre un casque de sécurité / respecter les zones interdites sauf autorisation particulière / lire les consignes de sécurité / utiliser les sorties de secours en cas d'incendie / prévenir les pompiers en cas d'urgence médicale.
4, 7. Vous ne devez pas / on ne doit impérativement pas dire les secrets de fabrication / prendre les ascenseurs en cas d'évacuation.
1, 2. La fiche de visite / un casque de sécurité est obligatoire.

17. Des précisions : A. 1 e – 2 d – 3 f – 4 a – 5 c – 6 b.
B. 1. qu' – **2.** qui – **3.** qui – **4.** que – **5.** qui – **6.** qu' – **7.** que – **8.** qui

18. Les sons [y] et [u] : 1. où, située, usine – **2.** trouve, sud-ouest – **3.** ressources humaines – **4.** Tu, vu, brochure publicitaire – **5.** découpé, Pérou – **6.** bureau, venue, une, mousse, goûté, eu, jouer, foot

19. Le son [s] : 1. sous, sa, responsabilité – **2.** directrice, cet, établissement, scientifique – **3.** salle, face – **4.** Cette, opération, commerciale, réalisation – **5.** société, hôtesse, renseigner

Unité 8 p. 77-85

1. Missions demandées : A. 1 b – 2 a – 3 e – 4 f – 5 d – 6 c / e. **B.** 1 d – 2 c – 3 a – 4 b. **C.** 1 c – 2 d – 3 a – 4 b

2. Des noms pour le dire : formation – évaluation – prospection – développement – négociation – visite – organisation – animation – rédaction – voyage – participation – connaissance – maîtrise

3. Un poste à prendre : responsable marketing – basée – es chargé – réalises – prépares – proposes – es responsable – gères – contrôles – profil – autonome – as trois ans – connais – envoyer – motivation

4. Rumeurs : connaissez – connaît – sais – connaissez – savons – connais – sait – connaît – sait

5. Réussir son CV : A. a 6 – b 4 – c 1 – d 3 – e 5 – f 2.
B. 1. On ne sait pas – **2.** Vrai – **3.** Faux – **4.** Vrai – **5.** On ne sait pas – **6.** Faux – **7.** On ne sait pas – **8.** On ne sait pas

6. Êtes-vous un bon candidat ? 1. a – **2.** b – **3.** b – **4.** a – **5.** a – **6.** b

7. De nouveaux venus : 1. venons d' – **2.** viennent de – **3.** vient de – **4.** venez d' – **5.** vient de – **6.** viens de – **7.** viens de – **8.** venons de

8. Des histoires qui durent : 1. depuis – **2.** en – **3.** il y a – **4.** pendant – **5.** en – **6.** pendant – **7.** il y a – **8.** depuis

9. La parole est aux salariés : 1. était – **2.** travaillions – **3.** fermait – **4.** formais – **5.** gagniez – **6.** voyageais – **7.** prenions – **8.** avait – **9.** voulaient – **10.** disait, connaissait

10. Situation catastrophique ! : A. 1. Nous n'avons jamais d'augmentations. – **2.** Nous n'avons jamais de clients importants. – **3.** Les employés n'ont plus de prime à Noël. – **4.** Nous n'avons pas d'ordinateurs modernes. – **5.** Le directeur ne trouve jamais de solutions aux problèmes. – **6.** Les employés ne sont plus motivés.
B. ne voyageais pas / ne voyageais jamais – ne suis jamais – ne suis pas – ne veux plus – n'ai pas / n'ai plus / n'ai jamais – n'aurai plus – ne peux plus – ne sais pas – n'ai pas

11. Des lieux à connaître : 1. Je suis allée à Amsterdam où j'ai organisé une réunion avec nos partenaires. – **2.** Nous allons déménager à Sydney où mon mari a obtenu un poste de directeur d'usine. – **3.** Elle a fait un stage dans une entreprise aéronautique où elle a développé des compétences. – **4.** Tu as apporté ton ordinateur en panne à l'atelier de maintenance où les techniciens ont réparé l'appareil. – **5.** Mon assistante a réservé une table au restaurant *Ledoyen* où j'ai un déjeuner d'affaires avec des clients.

12. Mon nouveau travail : A. et B. 1 f C – 2 c A – 3 b E – 4 e D – 5 a B – 6 d F

13. Une lettre d'engagement : 1. b – **2.** a – **3.** b – **4.** a – **5.** b – **6.** b – **7.** c

14. Premier emploi : 1 c – 2 e – 3 d – 4 b – 5 g – 6 a – 7 f

15. Le son [o] : 1. trop, chaud – **2.** colombien, hôpital – **3.** pause, commerciaux, journaux – **3.** stylo, beau, cadeau – **4.** embauché, bureau, côté

16. Le son [ɔ] : 1. offre, poste, proche – **2.** téléphone – **3.** forum – **4.** octobre – **5.** homme, vol

DELF pro A2 p. 86-88

Compréhension des écrits

Exercice 1 : d.

Exercice 2 : 1. a. Faux → « on ne demande pas d'informations sur l'âge, le sexe, le domicile » – b. Faux → « les candidats répondent à un questionnaire » – **2.** le poste et l'entreprise / des mises en situation – **3.** b – **4.** Il permet de se vendre et de mettre en avant ses qualités professionnelles. – **5.** c

Unité 9 p. 89-96

1. Questions de lieux : A. 1. une armoire – **2.** une bibliothèque – **3.** un bureau – **4.** une usine – **5.** un distributeur automatique – **6.** un coiffeur – **7.** un fauteuil / une chaise / un canapé – **8.** une salle / un théâtre – **9.** un restaurant d'entreprise / une cantine
B. 1. On y fait de la gymnastique, du tennis, de la natation... On y prend des cours de gymnastique, de yoga... On y joue au tennis... **2.** On s'y lave, rase, douche, maquille. On y prend un bain, une douche... **3.** On y voit, admire, expose des tableaux, des œuvres d'art, des sculptures... **4.** On y achète, vend, fait du pain, des gâteaux, des croissants... **5.** On y écoute de la musique.

2. Des salariés mécontents : 1. trop anciens – **2.** assez d'espace – **3.** trop d'air conditionné – **4.** trop bruyant – **5.** pas assez de lumière – **6.** trop de meubles – **7.** assez élevée – **8.** trop mauvais

3. Des chiffres et des courbes : 1. de plus en plus de touristes – **2.** de moins en moins d'acheteurs – **3.** de moins en moins d'abonnés – **4.** de plus en plus – **5.** de plus en plus – **6.** de plus en plus de

4. En réunion à la direction des ressources humaines : 1 b – 2 c – 3 d – 4 a

5. Des mots pour le dire : assemblée générale – faire le point – ordre du jour – compte rendu – abordés

6. Un moment s'il vous plaît ! : 1. je suis en train de les négocier – **2.** je suis en train de le lire – **3.** je suis en train de la faire – **4.** je suis en train de la préparer – **5.** je suis en train de le rédiger – **6.** elle est en train de le prendre

7. Entre collègues : 1. nous n'avons jamais reçu – **2.** tu n'as pas lu – **3.** on n'a pas eu – **4.** elle n'a jamais négocié – **5.** vous ne vous êtes pas inscrit(e)(s) – **6.** nous n'avons pas établi – **7.** je n'ai jamais pris – **8.** nous n'avons plus répondu – **9.** elle n'est pas allée – **10.** il n'a pas obtenu, il n'a jamais su

8. Partage des tâches : A. 1. enverras – **2.** louerez – **3.** appellerai – **4.** prendrons – **5.** ira – **6.** fera – **7.** prendront – **8.** aurons – **9.** devra – **10.** tiendrez – **11.** viendrons
B. 2. Merci de / Nous vous demandons de louer une salle d'exposition. – **5.** Merci d' / Je te demande d'aller chercher les tableaux. – **6.** Merci de / Je te demande de faire des interviews des artistes. – **7.** Merci de / Nous vous demandons de prendre des notes. – **9.** Merci de / Je te demande de devoir rédiger un article. – **10.** Merci de / Nous vous demandons de tenir une permanence.

9. Conseils d'ami : A. 1. répondre, faire, avoir → un candidat à un emploi – **2.** conduire, mettre, boire, être → un automobiliste – **3.** accueillir, savoir, voir, pouvoir → un vendeur / une vendeuse – **4.** devoir, s'asseoir, manger, revenir → un invité
B. *Selon les spécificités du pays.* **1.** Tu respecteras le règlement, tu ne tutoieras pas le patron, tu participeras aux réunions, aux pots, tu renseigneras les collègues, etc. – **2.** Tu iras aux cours tous les jours, tu prendras des notes, tu arriveras à l'heure, tu feras tes devoirs, tu apprendras tes leçons, etc. – **3.** Vous ferez attention à vos objets personnels, vous ne prendrez pas beaucoup d'argent avec vous, vous prendrez un dictionnaire, un plan, vous n'oublierez pas votre appareil photo, votre passeport, votre visa, vous prendrez des vêtements chauds, légers, de la crème solaire, vous visiterez, vous irez etc.

10. Programme de visite : Bonjour, Nos collaborateurs arriveront à 8 h 30 à l'aéroport de Roissy-Charles-de-Gaulle. Je propose d'aller les chercher. À 9 h 45, le président accueillera la délégation et fera un discours de bienvenue. Ensuite, il y aura une réunion à 10 h 30. Après le déjeuner à 12 h 30, nos collaborateurs partiront en avion pour Bordeaux. À 16 h, ils visiteront / verront les ateliers de montage. La visite durera 1 h 30. Après, ils iront en excursion à Arcachon et ils visiteront les parcs à huîtres. / Après on peut leur proposer une excursion à Arcachon, une visite des parcs à huîtres. / Et si vous alliez avec eux ? À 20 h 30, ils dîneront au Château Larame. / Et si on leur offrait un cadeau ? / Ils seront de retour à l'hôtel vers 23 h. / Je propose de les ramener à l'hôtel vers 23 h. Merci pour votre aide. Bien cordialement

11. Travail bien fait : 1. lui – **2.** leur – **3.** leur – **4.** t' – **5.** lui – **6.** leur – **7.** leur – **8.** vous

12. N'oubliez pas ! : 1. Parlez-lui. Il faut lui parler. N'oubliez pas de lui parler. – **2.** Expliquez-leur... Il faut leur expliquer... N'oubliez pas de leur expliquer... – **3.** Demandez-leur leur badge. Il faut leur demander leur badge. N'oubliez pas de leur demander leur badge. – **4.** Envoie-moi les nouveaux tarifs. Il faut m'envoyer les nouveaux tarifs. N'oublie pas de m'envoyer les nouveaux tarifs. – **5.** Pose-lui la question pour le problème de la facture. Il faut lui poser la question... N'oublie pas de lui poser la question... – **6.** Proposez-leur une formation. Il faut leur proposer une formation. N'oubliez pas de leur proposer une formation. – **7.** Écris-leur une lettre de convocation. Il faut leur écrire une lettre de convocation. N'oublie pas de leur écrire une lettre de convocation. – **8.** Communiquez-moi vos coordonnées. Il faut me communiquer vos coordonnées. N'oubliez pas de me communiquer vos coordonnées.

13. Le jeu de l'inconnu : 1 d – 2 c – 3 f – 4 b – 5 a – 6 e

14. Les sons [ɑ̃] et [ɔ̃] : 1. [ɔ̃] c**on**fort / [ɑ̃] import**an**t, **en**treprise – **2.** [ɔ̃] dispos**on**s, c**on**fortables / [ɑ̃] dét**en**dre – **3.** [ɔ̃] s**on**t, c**on**tents / [ɑ̃] cont**en**ts, l'**en**vironnem**en**t, amb**ian**ce – **4.** [ɔ̃] patr**on**, c**om**pétent / [ɑ̃] compét**en**t, exig**ean**t – **5.** [ɑ̃] b**an**que, restaur**an**t, ag**en**ce – **6.** [ɔ̃] c**om**plet, pren**on**s / [ɑ̃] étudi**an**ts – **7.** [ɔ̃] accept**on**s / [ɑ̃] paiem**en**ts – **8.** [ɔ̃] : av**on**s, réuni**on** – **9.** [ɔ̃] : avi**on**

Unité 10 p. 97-106

1. Que de papiers ! A. 1 c – 2 e – 3 b – 4 f – 5 g – 6 a – 7 d
B. Documents personnels : 3 b – 4 f – 5 g – 6 a ; **Documents bancaires :** 1 c – 2 e – 7 d

2. Opérations bancaires : 1. renseigner – **2.** un débit – **3.** ouvrir un compte – **4.** un virement – **5.** consulter – **6.** retirer – **7.** régler – **8.** créditer – **9.** un paiement – **10.** prêter

3. Souhaits et demandes : 1. Pourriez – **2.** auriez – **3.** voudrais – **4.** aimerions – **5.** pourrais – **6.** souhaiterais – **7.** serait – **8.** serions

4. Votre offre nous intéresse : serions – voudrions – aimerions / souhaiterions / voudrions – aurions – pourriez – aimerons / souhaiterions

5. Une offre exceptionnelle : 1 b – 2 c – 3 b – 4 a – 5 c – 6 b

6. Manière de faire : 1. en prenant rendez-vous – **2.** en remplissant le formulaire – **3.** en introduisant votre carte de crédit – **4.** en faisant un virement – **5.** en lisant les petites annonces – **6.** en appelant le service clientèle

7. Qui fait quoi ? : Le malade : 2, 3, 7, 8 – **Le médecin :** 1, 4, 5, 6

8. Des notices à lire : a. notice 4 – **b.** notice 1 – **c.** notice 3 – **d.** notice 2

9. Tout va bien : 1 d – 2 f – 3 g – 4 i – 5 j – 6 e – 7 l – 8 o – 9 n / p / q / h – 10 a / k / m / c – 11 n / p / q / h – 12 a / k / m / c – 13 n / p / q / h – 14 a / k / m / c – 15 n / p / q / h – 16 a / k / m / c – 17 b

10. On a tout ce qu'il faut : 1 b – 2 a – 3 c – 4 d – 5 c – 6 a

11. À vous de choisir ! : 1 b – 2 a – 3 b – 4 c

12. Jeu de mots : A. 1. une pièce d'identité – **2.** un chèque – **3.** un virement / un chèque – **4.** du sirop
B. *Propositions de corrigés* : **1.** Il en fait à la piscine. – **2.** Elle en boit au petit déjeuner ou après le repas. – **3.** Il en réserve / achète pour voyager loin / pour prendre l'avion. – **4.** Elle en conduit une pour aller au travail. – **5.** Il en utilise un pour aller sur Internet / pour taper ses courriels.

13. Les maux du bureau : A. La tête : les yeux, la nuque, le cou – Le corps : le dos, les épaules, les hanches – Les membres : les jambes, les coudes, les poignets, la main, les genoux, les pieds
B. 1. aux yeux, à la tête – **2.** aux bras, aux poignets, aux doigts – **3.** aux pieds et les jambes
C. 1 d – 2 e – 3 a – 4 b – 5 c

14. Que de catastrophes ! 1. cassée – **2.** tachée – **3.** bruit – **4.** anomalies – **5.** réglé – **6.** défectueux – **7.** en panne – **8.** bouché – **9.** dangereux – **10.** court-circuit

15. Le climatiseur est en panne ! : 1 c – 2 d – 3 e – 4 f – 5 b – 6 a

16. Un service après-vente performant : 1 c – 2 a – 3 b – 4 c

17. Avec des ça ! : 1. ça m'ennuie beaucoup ; ça, c'est sympa – **2.** ça n'est pas normal **– 3.** j'adore ça – **4.** ne crois pas ça – **5.** ça lui plaît beaucoup

18. Appels à témoins : A. 1 b – 2 d – 3 e – 4 a – 5 c

19. Faits divers : 1. étais, j'ai entendu, j'ai couru, j'ai ouvert, j'ai vu, partait, est arrivée, s'est occupé – **2.** faisions, avait, sont entrés, portaient, ont dit, ont crié, sont allés, ont demandé, tremblait, a donné, sont sortis – **3.** prenait, est arrivé, a mis, a arraché, s'est enfui, avait, est allée

20. Témoignages : *Proposition de corrigés :* **1.** J'étais dans la rue pour aller faire des courses. J'ai entendu crier. J'ai levé la tête et j'ai vu de la fumée et des flammes qui sortaient par la fenêtre d'un appartement au premier étage d'un immeuble. J'ai vu un homme à la fenêtre qui avait peur. J'ai téléphoné aux pompiers avec mon portable.
2. J'étais dans la rue quand j'ai vu un homme âgé (un vieil homme) qui était assis par terre (sur le sol). Il avait l'air malade et son sac de courses était tombé à côté de lui. Il y avait aussi ses lunettes et sa canne. Une dame de la boutique à côté s'est occupé de lui et moi, j'ai appelé le Samu / les secours / un médecin / les pompiers (ou une vendeuse a appelé le Samu).
3. J'étais dans la rue quand j'ai été témoin d'un accident. L'accident s'est passé devant moi. Un motocycliste roulait assez vite. Une voiture arrivait et l'automobiliste n'a pas pu freiner / s'arrêter. La voiture a heurté le motocycliste qui est tombé par terre (sur le sol) avec sa moto. La voiture a heurté un poteau. L'automobiliste est sorti de sa voiture pour aller voir le motocycliste. J'ai appelé les pompiers / les secours…

21. Objets trouvés : *Proposition de corrigés :* C'est un grand sac de sport en toile. Il contient une raquette de tennis, un tee-shirt, une paire de chaussures / des baskets et une balle de tennis. C'est un sac à main en cuir. Il contient un livre, des clés, un rouge à lèvres, un poudrier, un magazine, une bouteille d'eau et un téléphone portable. C'est un attaché-case / une mallette d'homme d'affaires qui contient un agenda, une calculatrice, un dossier « En cours », un téléphone portable, des stylos.

22. Une lettre d'opposition : 1 d – 2 c – 3 a – 4 b

23. Les sons [p], [b] et [v] : A. 1. photocopieur, panne, appelé, dépanneur – **2.** appétit, prescrit, comprimés – **3.** apporte, rapport, police, enveloppe – **4.** appareil – **5.** apprendre, portable
B. 1. boire, verre – **2.** bien, vais, voir – **3.** vingt, bain – **4.** viens, bien

DELF pro A2 p. 107-109

Compréhension des écrits

Exercice 1 : a. 5 – **b.** 6 – **c.** 4 – **d.** 1 – **e.** 2

Exercice 2 : a. 3 – **b.** 2 – **c.** 5 – **d.** 1 **– e.** 4

Exercice 3 : c et e

Exercice 4 : 1. a. Faux : « Le clavier de l'ordinateur […] est rempli de bactéries. Le risque pour la santé est plus important quand le salarié mange devant son PC, ses mains vont de son clavier à sa bouche ». **b.** Vrai : « Sur le lieu de travail, les contacts physiques, les poignées de main et les poignées de portes favorisent le développement des maladies ». **c.** Faux : « Les salariés ne changent pas assez de menu tous les jours ».
2. Nettoyer ses outils de travail doit être une habitude au bureau.
3. Il faut impérativement se laver souvent les mains, se couvrir la bouche quand on tousse ou encore utiliser un mouchoir en papier.
4. *3 parmi :* casques mal réglés / bruit des machines / discussions entre collègues / conversations téléphoniques.
5. Elle permet de se détendre et de bien travailler dans l'après-midi.

Alphabet phonétique

Voyelles	Consonnes
[i] midi	[p] apprendre, papa, pain
[e] nez, dîner, les	[b] bon, robe, bain
[ɛ] être, belle, mère	[t] ton, thon, triste
[a] à, patte, femme	[d] doigt, addition, dent
[ɑ] pâtes	[k] que, d'accord, cou
[y] rue, sûr, sur	[g] seconde, gare, gorge
[u] août, où, goût, cou	[f] feu, fournisseur, éléphant
[o] piano, hôpital, mot	[v] vue, voler, vendredi
[ɔ] homme, bol, maximum	[s] leçon, six, fils, imagination
[ə] je, monsieur	[z] deuxième, zoo, zéro
[ø] déjeuner, peu, œufs	[ʃ] schéma, choisir, chat
[œ] œuf, peur, œil	[ʒ] jeudi, je, étage
[ɛ̃] main, faim, sympa, examen, fin	[l] elle, la, ville, lire
[ɑ̃] ensemble, tante, lentement	[m] pomme, moi, mot
[ɔ̃] ton, bon, pompier	[n] nuit, année, automne
[œ̃] un, brin, parfum	[ɲ] oignon, agneau, mignonne
	[ʀ] rhume, rue, roi

Semi-consonnes*
[j] fille, travail, yaourt
[ɥ] aujourd'hui, cuisine, lui
[w] jouer, oui

*La semi-consonne est toujours accompagnée, **avant ou après**, d'une voyelle prononcée.

Unité 1 Entrez en contact

A Coopération internationale

achat (n.m.) [aʃa]
acteur(trice) (n.) [aktœʀ] [aktʀis]
architecte (n.) [aʀʃitɛkt]
assistant(e) (n.) [asistɑ̃] [asistɑ̃t]
avocat(e) (n.) [avɔka] [avɔkat]
chef (n.m.) [ʃɛf]
coiffeur(euse) (n.) [kwafœʀ] [kwaføz]
collaborateur(trice) (n.) [kɔl(l)abɔʀatœʀ] [kɔl(l)abɔʀatʀis]
colloque (n.m.) [kɔl(l)ɔk]
commercial(e) (adj.) [kɔmɛʀsjal]
consultant(e) (n. et adj.) [kɔ̃syltɑ̃] [kɔ̃syltɑ̃t]
délégué(e) (n. et adj.) [delege]
dentiste (n.) [dɑ̃tist]
entreprise (n.f.) [ɑ̃tʀəpʀiz]
être (v.) [ɛtʀ]
infirmier(ière) (n.) [ɛ̃ʀmje] [ɛ̃ʀmjɛʀ]
informaticien(ienne) (n.) [ɛ̃fɔʀmatisjɛ̃] [ɛ̃fɔʀmatisjɛn]
ingénieur(e) (n.) [ɛ̃ʒenjœʀ]
langue (n.f.) [lɑ̃g]
nationalité (n.f.) [nasjɔnalite]
nom (n.m.) [nɔ̃]
pharmacien(ienne) (n.) [faʀmasjɛ̃] [faʀmasjɛn]
prénom (n.m.) [pʀenɔ̃]
présentateur(trice) (n.) [pʀezɑ̃tatœʀ] [pʀezɑ̃tatʀis]
président(e) (n.) [pʀezidɑ̃] [pʀezidɑ̃t]
profession (n.f.) [pʀɔfɛsjɔ̃]
responsable (n.) [ʀɛspɔ̃sabl(ə)]
ressources humaines (n.f.pl.) [ʀəsuʀsəzymɛn] ou [ʀəsuʀsymɛn]
s'appeler (v.) [sap(ə)le]
serveur(euse) (n.) [sɛʀvœʀ] [sɛʀvøz]
standardiste (n.) [stɑ̃daʀdist]
vente (n.f.) [vɑ̃t]

B Enchanté !

aller (v.) [ale]
banque (n.f.) [bɑ̃k]
bonjour (n.m.) [bɔ̃ʒuʀ]
collègue (n.m.) [kɔl(l)ɛg]
enchanté(e) (adj.) [ɑ̃ʃɑ̃te]
lieu (n.m.) [ljø]
merci (n.m.) [mɛʀsi]
présenter (v.) [pʀezɑ̃te]
rendez-vous (n.m.) [ʀɑ̃devu]
société (n.f.) [sɔsjete]
université (n.f.) [ynivɛʀsite]

C Voici un formulaire

adresse (n.f.) [adʀɛs]
célibataire (adj.) [selibatɛʀ]
date de naissance (n.f.) [datdənɛsɑ̃s]
divorcé(e) (adj.) [divɔʀse]
employeur(euse) (n.) [ɑ̃plwajœʀ] [ɑ̃plwajøz]
information (n.f.) [ɛ̃fɔʀmasjɔ̃]
situation (n.f.) [sitɥasjɔ̃]

D Une demande de stage

adresse électronique (n.f.) [adʀɛselɛktʀɔnik]
carte de visite (n.f.) [kaʀt(ə)dəvizit]
chirurgien(ienne) (n.) [ʃiʀyʀʒjɛ̃] [ʃiʀyʀʒjɛn]
connu(e) (adj.) [kɔny]
directeur(trice) (n.) [diʀɛktœʀ] [diʀɛktʀis]
formulaire (n.m.) [fɔʀmylɛʀ]
hôpital (n.m.) [ɔpital] ou [opital]
identité (n.f.) [idɑ̃tite]
passeport (n.m.) [paspɔʀ]
politesse (n.f.) [pɔlitɛs]
proche (adj.) [pʀɔʃ]
sondage (n.m.) [sɔ̃daʒ]
visa (n.m.) [viza]

Unité 2 Faites connaissance !

A S'il vous plaît !

avoir (v.) [avwaʀ]
café (n.m.) [kafe]
collègue (n.) [kɔl(l)ɛg]
connaître (v.) [kɔnɛtʀ(ə)]
fichier (n.m.) [fiʃje]
important(e) (adj.) [ɛ̃pɔʀtɑ̃] [ɛ̃pɔʀtɑ̃t]
invitation (n.f.) [ɛ̃vitasjɔ̃]
marié(e) (adj.) [maʀje]
pardon (n.m.) [paʀdɔ̃]
photocopie (n.f.) [fɔtɔkɔpi]
projet (n.m.) [pʀɔʒɛ]
ravi(e) (adj.) [ʀavi]
remercier (v.) [ʀəmɛʀsje]
réunion (n.f.) [ʀeynjɔ̃]
stylo (n.m.) [stilo]
travailler (v.) [tʀavaje]

B Vous travaillez dans quoi ?

âge (n.m.) [ɑʒ]
arbre généalogique (n.m.) [aʀbʀ(ə)ʒenealɔʒik]
communication (n.f.) [kɔmynikasjɔ̃]
comptable (n.) [kɔ̃tabl(ə)]
construction automobile (n.f.) [kɔ̃stʀyksjɔ̃ɔtɔmɔbil] ou [otɔmɔbil]
crayon (n.m.) [kʀɛjɔ̃]
dossier (n.m.) [dosje]
enfant (n.) [ɑ̃fɑ̃]
enseignement (n.m.) [ɑ̃sɛɲəmɑ̃]
famille (n.f.) [famij]
femme (n.f.) [fam]
fiche (n.f.) [fiʃ]
fille (n.f.) [fij]
fils (n.m.) [fis]
frère (n.m.) [fʀɛʀ]
grand-mère (n.f.) [gʀɑ̃mɛʀ]
grand-père (n.m.) [gʀɑ̃pɛʀ]
habiter (v.) [abite]
informatique (n.f.) [ɛ̃fɔʀmatik]
livre (n.m.) [livʀ(ə)]
loto (n.m.) [lɔto]
mari (n.m.) [maʀi]
médecin (n.m.) [mɛdsɛ̃]
mère (n.f.) [mɛʀ]
monde (n.m.) [mɔ̃d]
ordinateur (n.m.) [ɔʀdinatœʀ]
parents (n.m.pl.) [paʀɑ̃]
père (n.m.) [pɛʀ]
petit-fils (n.m.) [p(ə)tifis]
professeur(e) (n.) [pʀɔfɛsœʀ]
responsabilité (n.f.) [ʀɛspɔ̃sabilite]
retraité(e) (adj.) [ʀ(ə)tʀɛte]
satisfait(e) (adj.) [satisfɛ] [satisfɛt]
sœur (n.f.) [sœʀ]
télécommunication (n.f.) [telekɔmynikasjɔ̃]
téléphone (n.m.) [telefɔn]
traducteur(trice) (n.) [tʀadyktœʀ] [tʀadyktʀis]
usine (n.f.) [yzin]

C En vol !

adorer (v.) [adɔʀe]
aimer (v.) [eme]
apprécier (v.) [apʀesje]

art (n.m.) [aʀ] ....
bureau (n.m.) [byʀo] ....
campagne (n.f.) [kɑ̃paɲ(ə)] ....
consulter (v.) [kɔ̃sylte] ....
détester (v.) [detɛste] ....
dîner (v.) [dine] ....
discuter (v.) [diskyte] ....
documentaire (n.m.) [dɔkymɑ̃tɛʀ] ....
étudiant(e) (n.) [etydjɑ̃] [etydjɑ̃t] ....
étudier (v.) [etydje] ....
expliquer (v.) [eksplike] ....
grammaire (n.f.) [gram(m)ɛʀ] ....
gymnastique (n.f.) [ʒimnastik] ....
histoire (n.f.) [istwaʀ] ....
malade (n.m.) [malad] ....
mathématiques (n.f.pl.) [matematik] ....
message (n.m.) [mesaʒ] ....
messagerie (n.f.) [mesaʒʀi] ....
montrer (v.) [mɔ̃tʀe] ....
musique (n.f.) [myzik] ....
politique (n.f.) [pɔlitik] ....
produit (n.m.) [pʀɔdɥi] ....
radio (n.f.) [ʀadjo] ....
rencontrer (v.) [ʀɑ̃kɔ̃tʀe] ....
répéter (v.) [ʀepete] ....
restaurant (n.m.) [ʀɛstɔʀɑ̃] ....
ski (n.m.) [ski] ....
téléphoner (v.) [telefɔne] ....
télévision (n.f.) [televizjɔ̃] ....
théâtre (n.m.) [teɑtʀ(ə)] ....
touriste (n.) [tuʀist] ....
vocabulaire (n.m.) [vɔkabylɛʀ] ....
voyage (n.m.) [vwajaʒ] ....

D Bienvenue à Paris !

automne (n.m.) [ɔtɔn] ou [otɔn] ....
beau (belle) (adj.) [bo] [bɛl] ....
chaud(e) (adj.) [ʃo] [ʃod] ....
été (n.m.) [ete] ....
froid (n.m.) [fʀwa] ....
hiver (n.m.) [ivɛʀ] ....
neiger (v.) [neʒe] ....
pleuvoir (v.) [pløvwaʀ] ....
printemps (n.m.) [pʀɛ̃tɑ̃] ....
saison (n.f.) [sɛzɔ̃] ....
vent (n.m.) [vɑ̃] ....

Unité 3 Communiquez en ligne !

A Ne quittez pas !

absent(e) (adj.) [apsɑ̃] [apsɑ̃t] ....
appel (n.m.) [apɛl] ....
appeler (v.) [aple] ....
assister (v.) [asiste] ....
attendre (v.) [atɑ̃dʀ(ə)] ....
bip (n.m.) [bip] ....
client(e) (n.) [klijɑ̃] [klijɑ̃t] ....
communiquer (v.) [kɔmynike] ....
contacter (v.) [kɔ̃takte] ....
coordonnée (n.f.) [kɔɔʀdɔne] ....
correspondant(e) (n.) [kɔʀɛspɔ̃dɑ̃] [kɔʀɛspɔ̃dɑ̃t] ....
demander (v.) [dəmɑ̃de] ....
désolé(e) (adj.) [dezɔle] ....
dire (v.) [diʀ] ....
donner (v.) [dɔne] ....
entendre (v.) [ɑ̃tɑ̃dʀ(ə)] ....
envoyer (v.) [ɑ̃vwaje] ....
expliquer (v.) [ɛksplike] ....
fixer (v.) [kse] ....
ligne (n.f.) [liɲ(ə)] ....
moment (n.m.) [mɔmɑ̃] ....
organiser (v.) [ɔʀganize] ....
personne (n.f.) [pɛʀsɔn] ....
planning (n.m.) [planiŋ] ....
pouvoir (v.) [puvwaʀ] ....
prendre (v.) [pʀɑ̃dʀ(ə)] ....
publicité (n.f.) [pyblisite] ....
quitter (v.) [kite] ....
répondre (v.) [ʀepɔ̃dʀ(ə)] ....
rester (v.) [ʀɛste] ....
réunion (n.f.) [ʀeynjɔ̃] ....
se présenter (v.) [səpʀezɑ̃te] ....
transmettre (v.) [tʀɑ̃smɛtʀ(ə)] ....
vendeur(euse) (n.) [vɑ̃dœʀ] [vɑ̃døz] ....

B Je te rappelle !

agenda (n.m.) [aʒɛ̃da] ....
budget (n.m.) [bydʒɛ] ....
calendrier (n.m.) [kalɑ̃dʀije] ....
chercher (v.) [ʃɛʀʃe] ....
cinéma (n.m.) [sinema] ....
concert (n.m.) [kɔ̃sɛʀ] ....
conférence (n.f.) [kɔ̃feʀɑ̃s] ....
culturel(elle) (adj.) [kyltyʀɛl] ....
écouter (v.) [ekute] ....
étranger(ère) (adj.) [etʀɑ̃ʒe] [etʀɑ̃ʒɛʀ] ....
exposition (n.f.) [ɛkspozisjɔ̃] ....
faire (v.) [fɛʀ] ....
férié(e) (adj.) [feʀje] ....
ingénieur(e) (n.) [ɛ̃ʒenjœʀ] ....
interview (n.f.) [ɛ̃tɛʀvju] ....
inviter (v.) [ɛ̃vite] ....
jamais (adv.) [ʒamɛ] ....
libre (adj.) [libʀ(ə)] ....
loisir (n.m.) [lwaziʀ] ....
musée (n.m.) [myze] ....
parler (v.) [paʀle] ....
quelquefois (adv.) [kɛlkəfwa] ....
rarement (adv.) [ʀaʀmɑ̃] ....
regarder (v.) [ʀ(ə)gaʀde] ....
souvent (adv.) [suvɑ̃] ....
spectacle (n.m.) [spɛktakl(ə)] ....
sport (n.m. [spɔʀ] ....
stagiaire (n.) [staʒjɛʀ] ....
visiter (v.) [vizite] ....

C Textos efficaces !

apéritif (n.m.) [apeʀitif] ....
choisir (v.) [ʃwaziʀ] ....
cocktail (n.m.) [kɔktɛl] ....
fête (n.f.) [fɛt] ....
finir (v.) [niʀ] ....
inauguration (n.f.) [inogyʀasjɔ̃] ou [inɔgyʀasjɔ̃] ....
lancement (n.m.) [lɑ̃smɑ̃] ....
occasion (n.f.) [ɔkazjɔ̃] ou [ɔkɑzjɔ̃] ....
ouverture (n.f.) [uvɛʀtyʀ] ....
stand (n.m.) [stɑ̃d] ....

D Vous avez un nouveau message

coller (v.) [kɔle] ....
conducteur(trice) (n.) [kɔ̃dyktœʀ] [kɔ̃dyktʀis] ....
crier (v.) [kʀije] ....
demain (adv.) [dəmɛ̃] ....
destinataire (n.) [dɛstinatɛʀ] ....
devoir (v.) [dəvwaʀ] ....
enregistrer (v.) [ɑ̃ʀ(ə)ʒistʀe] ....
expéditeur (n.m.) [ɛkspeditœʀ] ....
icône (n.f.) [ikon] ....
imprimer (v.) [ɛ̃pʀime] ....
joindre (v.) [ʒwɛ̃dʀ(ə)] ....
logo (n.m.) [lɔgo] ....
payer (v.) [peje] ....

portable (n.m.) [pɔʀtabl(ə)]
texto (n.m.) [tɛksto]
train (n.m.) [tʀɛ̃]
transférer (v.) [tʀɑ̃sfeʀe]
vibreur (n.m.) [vibʀœʀ]

Unité 4 Partez en déplacement !

A Où souhaitez-vous partir ?

abonnement (n.m.) [abɔnmɑ̃]
acheter (v.) [aʃ(e)te]
agence (n.f.) [aʒɑ̃s]
avion (n.m.) [avjɔ̃]
billet (n.m.) [bijɛ]
bus (n.m.) [bys]
classe (n.f.) [klɑs]
contrôleur(euse) (n.) [kɔ̃tʀolœʀ] [kɔ̃tʀoløz]
départ (n.m.) [depaʀ]
destination (n.f.) [dɛstinɑsjɔ̃]
hôtesse (n.f.) [otɛs]
métro (n.m.) [metʀo]
mission (n.f.) [misjɔ̃]
partir (v.) [paʀtiʀ]
plan (n.m.) [plɑ̃]
préparer (v.) [pʀepaʀe]
réservation (n.f.) [ʀezɛʀvɑsjɔ̃]
retour (n.m.) [ʀətuʀ]
ticket (n.m.) [tikɛ]
train (n.m.) [tʀɛ̃]
vouloir (v.) [vulwaʀ]
voyageur(euse) (n.) [vwajaʒœʀ] [vwajaʒøz]

B hotel.com

accueillant(e) (adj.) [akœjɑ̃] [akœjɑ̃t]
agréable (adj.) [agʀeabl(ə)]
auberge (n.f.) [obɛʀʒ(ə)]
chambre (n.f.) [ʃɑ̃bʀ(ə)]
compétent(e) (adj.) [kɔ̃petɑ̃] [kɔ̃petɑ̃t]
confortable (adj.) [kɔ̃fɔʀtabl(ə)]
connexion (n.f.) [kɔn(n)ɛksjɔ̃]
content(e) (adj.) [kɔ̃tɑ̃] [kɔ̃tɑ̃t]
cuisinier(ière) (n.) [kɥizinje] [kɥizinjɛʀ]
descriptif (n.m.) [dɛskʀiptif]
élégant(e) (adj.) [elegɑ̃] [elegɑ̃t]
employé(e) (n.) [ɑ̃plwaje]
exceptionnel(elle) (adj.) [ɛksɛpsjɔnɛl]
gentil(ille) (adj.) [ʒɑ̃ti] [ʒɑ̃tij]
grand(e) (adj.) [gʀɑ̃] [gʀɑ̃d]
hôtel (n.m.) [otɛl] ou [ɔtɛl]
impeccable (adj.) [ɛ̃pɛkabl(ə)]
jardin (n.m.) [ʒaʀdɛ̃]
joli(e) (adj.) [ʒɔli]
moderne (adj.) [mɔdɛʀn(ə)]
nouveau(elle) (adj.) [nuvo] [nuvɛl]
parking (n.m.) [paʀkiŋ]
portier (n.m.) [pɔʀtje]
publicité (n.f.) [pyblisite]
souriant(e) (adj.) [suʀijɑ̃] [suʀijɑ̃t]
sympathique (adj.) [sɛ̃patik]
tramway (n.m.) [tʀamwɛ]

C. Au quatrième !

accueil (n.m.) [akœj]
apprendre (v.) [apʀɑ̃dʀ(ə)]
arrêt (n.m.) [aʀɛ]
bijouterie (n.f.) [biʒutʀi]
boutique (n.f.) [butik]
comprendre (v.) [kɔ̃pʀɑ̃dʀ(ə)]
confiserie (n.f.) [kɔ̃zʀi]
cosmétique (n.m.) [kɔsmetik]
distributeur (n.m.) [distʀibytœʀ]
escalier (n.m.) [ɛskalje]
étage (n.m.) [etaʒ]
guichet (n.m.) [giʃɛ]
librairie (n.f.) [libʀɛʀi]
maroquinerie (n.f.) [maʀɔkinʀi]
mode (n.f.) [mɔd]
parfum (n.m.) [paʀfœ̃]
pont (n.m.) [pɔ̃]
poste (n.m.) [pɔst]
rendez-vous (n.m.) [ʀɑ̃devu]
souvenir (n.m.) [suv(ə)niʀ]
tabac (n.m.) [taba]

D. Qu'est-ce qu'on fait ce soir ?

aéroport (n.m.) [aeʀɔpɔʀ]
bagage (n.m.) [bagaʒ]
chauffeur (n.m.) [ʃofœʀ]
coffre (n.m.) [kɔfʀ(ə)]
confirmer (v.) [kɔ̃ʀme]
descendre (v.) [desɑ̃dʀ(ə)]
essence (n.f.) [esɑ̃s]
gare (n.f.) [gaʀ] ou [gɑʀ]
heure (n.f.) [œʀ]
itinéraire (n.m.) [itineʀɛʀ]
pilote (n.m.) [pilɔt]
renseignement (n.m.) [ʀɑ̃sɛɲ(ə)mɑ̃]
route (n.f.) [ʀut]
sommeil (n.m.) [sɔmɛj]
station (n.f.) [stɑsjɔ̃]
taxi (n.m.) [taksi]
toilettes (n.f.pl.) [twalɛt]
trajet (n.m.) [tʀaʒɛ]
vélo (n.m.) [velo]
vol (n.m.) [vɔl]

Unité 5 Organisez votre journée !

A 24 heures avec une pro !

appartement (n.m.) [apaʀtəmɑ̃]
basket-ball (n.m.) [baskɛtbol]
boire (v.) [bwaʀ]
défilé (n.) [dèle]
déjeuner (n.m. et v.) [deʒœne]
échecs (n.m.pl.) [eʃɛk]
escalade (n.f.) [ɛskalad]
guitare (n.f.) [gitaʀ]
jouer (v.) [ʒwe]
maladie (n.f.) [maladi]
mannequin (n.) [mankɛ̃]
marche (n.f.) [maʀʃ(ə)]
ménage (n.m.) [menaʒ]
natation (n.f.) [natɑsjɔ̃]
petit déjeuner (n.m.) [p(ə)tideʒœne]
piano (n.m.) [pjano]
regarder (v.) [ʀ(ə)gaʀde]
réveil (n.m.) [ʀevɛj]
s'allonger (v.) [salɔ̃ʒe]
s'endormir (v.) [sɑ̃dɔʀmiʀ]
s'entraîner (v.) [sɑ̃tʀene]
s'habiller (v.) [sabije]
s'installer (v.) [sɛ̃stale]
s'investir (v.) [sɛ̃vɛstiʀ]
s'occuper (v.) [sɔkype]
s'organiser (v.) [sɔʀganize]

salle de bains (n.f.) [saldəbɛ̃]
se coucher (v.) [səkuʃe]
se doucher (v.) [səduʃe]
se laver (v.) [səlave]
se lever (v.) [səl(ə)ve]
se maquiller (v.) [səmakije]
se préparer (v.) [səpʀepaʀe]
se raser (v.) [səʀɑze]
se reposer (v.) [səʀ(ə)poze]
se réveiller (v.) [səʀeveje]
sonner (v.) [sɔne]
succursale (n.f.) [sykyʀsal]
tôt (adv.) [to]
vidéoconférence (n.f.) [videokɔ̃feʀɑ̃s]
voile (n.f.) [vwal]
voiture (n.f.) [vwatyʀ]

B Planning serré !

arriver (v.) [aʀive]
bénéfice (n.m.) [benefis]
compagnie (n.f.) |kɔ̃paɲi]
direction (n.f.) [diʀɛksjɔ̃]
partenaire (n.m.) [paʀtənɛʀ]
provenance (n.f.) [pʀɔvnɑ̃s]
venir (v.) [v(ə)niʀ]

C Et vous, où et comment déjeunez-vous ?

ananas (n.m.) [anana(s)]
anniversaire (n.m.) [anivɛʀsɛʀ]
artichaut (n.m.) [aʀtiʃo]
bière (n.f.) [bjɛʀ]
champignon (n.m.) [ʃɑ̃piɲɔ̃]
chèvre (n.f.) [ʃɛvʀ(ə)]
citron (n.m.) [sitʀɔ̃]
crème (n.f.) [kʀɛm]
crêpe (n.f.) [kʀɛp]
crevette (n.f.) [kʀəvɛt]
croûton (n.m.) [kʀutɔ̃]
décor (n.m.) [dekɔʀ]
dentifrice (n.m.) [dɑ̃tifʀis]
eau (n.f.) [o]
événement (n.m.) [evɛnmɑ̃]
exotique (adj.) [ɛgzɔtik]
fleur (n.f.) [flœʀ]
fromage (n.m.) [fʀɔmaʒ]
gastronomique (adj.) [gastʀɔnɔmik]
gazeux(euse) (adj.) [gɑzø] [gɑzøz]
gramme (n.m.) [gʀam]
guide (n.) [gid]
haricot (n.m.) [aʀiko]
huile (n.f.) [ɥil]
Internet (n.m.) [ɛ̃tɛʀnɛt]
jambon (n.m.) [ʒɑ̃bɔ̃]
journal (n.m.) [ʒuʀnal]
lire (v.) [liʀ]
litre (n.m.) [litʀ(ə)]
livrer (v.) [livʀe]
maïs (n.m.) [mais]
œuf (œufs) (n.m.) [œf] [ø]
oignon (n.m.) [ɔɲɔ̃]
olive (n.f.) [ɔliv]
pincée (n.f.) [pɛ̃se]
pizza (n.f.) [pidza]
poivron (n.m.) [pwavʀɔ̃]
pomme de terre (n.f.) [pɔmdətɛʀ]
poulet (n.m.) [pulɛ]
prix (n.m.) [pʀi]
qualité (n.f.) [kalite]
régime (n.m.) [ʀeʒim]
repas (n.m.) [ʀəpa]
riz (n.m.) [ʀi]
salade (n.f.) [salad]
saumon (n.m.) [somɔ̃]
table (n.f.) [tabl(ə)]
thon (n.m.) [tɔ̃]
tomate (n.f.) [tɔmat]
utile (adj.) [ytil]
végétarien(enne) (adj.) [veʒetaʀjɛ̃] [veʒetaʀjɛn]
vinaigre (n.m.) [vinɛgʀ(ə)]
yaourt (n.m.) [jauʀ(t)]

D Rendez-vous avec le webmestre

appréciation (n.f.) [apʀesjɑsjɔ̃]
biologique (adj.) [bjɔlɔʒik]
cher(ère) (adj.) [ʃɛʀ]
commander (v.) [kɔmɑ̃de]
dommage (n.m.) [dɔmaʒ]
exigeant(e) (adj.) [ɛgziʒɑ̃] [ɛgziʒɑ̃t]
frais (fraîche) (adj.) [fʀɛ] [fʀɛʃ]
génial(e) (adj.) [ʒenjal]
internaute (n.) [ɛ̃tɛʀnot]
légume (n.m.) [legym]
lien (n.m.) [ljɛ̃]
livraison (n.f.) [livʀɛzɔ̃]
magnifique (adj.) [maɲifik]
marchandise (n.f.) [maʀʃɑ̃diz]
pratique (adj.) [pʀatik]
rapide (adj.) [ʀapid]
reporté(e) (adj.) [ʀəpɔʀte]
site (n.m.) [sit]
urgent(e) (adj.) [yʀʒɑ̃] [yʀʒɑ̃t]

Unité 6 Faites le bon choix !

A Vous avez choisi ?

addition (n.f.) [adisjɔ̃]
annuler (v.) [anyle]
asperge (n.f.) [aspɛʀʒ(ə)]
assiette (n.f.) [asjɛt]
banane (n.f.) [banan]
bœuf (n.m.) [bœf]
bouteille (n.f.) [butɛj]
cadeau (n.m.) [kado]
candidat(e) (n.) [kɑ̃dida] [kɑ̃didat]
chocolat (n.m.) [ʃɔkɔla]
choix (n.m.) [ʃwa]
clef (n.f.) [kle]
conseiller (v.) [kɔ̃seje]
contrat (n.m.) [kɔ̃tʀa]
courgette (n.f.) [kuʀʒɛt]
courriel (n.m.) [kuʀjɛl]
couvert (n.) [kuvɛʀ]
crudités (n.f.pl.) [kʀydite]
dessert (n.m.) [desɛʀ]
entrée (n.f.) [ɑ̃tʀe]
fêter (v.) [fete]
filet (n.m.) [filɛ]
fraise (n.f.) [fʀɛz]
fricassée (n.f.) [fʀikase]
fruit (n.m.) [fʀɥi]
garniture (n.f.) [gaʀnityʀ]
gâteau (n.m.) [gɑto]
gratin (n.m.) [gʀatɛ̃]
grillé(e) (adj.) [gʀije]
invité(e) (n.) [ɛ̃vite]
menu (n.m.) [məny]
mousse (n.) [mus]
orange (n.f.) [ɔʀɑ̃ʒ]
oublier (v.) [ublije]
partager (v.) [paʀtaʒe]
poisson (n.m.) [pwasɔ̃]
pomme (n.f.) [pɔm]
réserver (v.) [ʀezɛʀve]
rhum (n.m.) [ʀɔm]

rouge (adj. et n.) [ʀuʒ]
saignant(e) (adj.) [sɛɲɑ̃] [sɛɲɑ̃t]
salle (n.f.) [sal]
servir (v.) [sɛʀviʀ]
sorbet (n.m.) [sɔʀbɛ]
soupe (n.f.) [sup]
tarte (n.f.) [taʀt(ə)]
viande (n.f.) [vjɑ̃d]
vin (n.m.) [vɛ̃]

B Et avec ceci ?

aider (v.) [ede]
assortiment (n.m.) [asɔʀtimɑ̃]
attaché-case (n.m.) [ataʃekes] ou [ataʃekɛs]
baguette (n.f.) [bagɛt]
caisse (n.f.) [kɛs]
caméscope (n.m.) [kameskɔp]
chausser (v.) [ʃose]
chaussure (n.f.) [ʃosyʀ]
classique (adj.) [klasik]
clientèle (n.f.) [klijɑ̃tɛl]
coffret (n.m.) [kɔfʀɛ]
coûter (v.) [kute]
critique (n.f.) [kʀitik]
croissant (n.m.) [kʀwasɑ̃]
cuir (n.m.) [kɥiʀ]
décoration (n.f.) [dekɔʀɑsjɔ̃]
écharpe (n.f.) [eʃaʀp(ə)]
éclair (n.m.) [eklɛʀ]
écrivain(e) (n.) [ekʀivɛ̃]
électronique (adj.) [elɛktʀɔnik]
épice (n.f.) [epis]
essayer (v.) [eseje]
goûter (v.) [gute]
lait (n.f.) [lɛ]
lampe (n.f.) [lɑ̃p(ə)]
modèle (n.) [mɔdɛl]
montagne (n.f.) [mɔ̃taɲ(ə)]
montre (n.f.) [mɔ̃tʀ(ə)]
original(e) (adj.) [ɔʀiʒinal]
personnel(elle) (adj.) [pɛʀsɔnɛl]
pointure (n.f.) [pwɛ̃tyʀ]
pull (n.m.) [pyl]
service (n.m.) [sɛʀvis]
solde (n.) [sɔld]
sucré(e) (adj.) [sykʀe]
supermarché (n.m.) [sypɛʀmaʀʃe]
tablette (n.f.) [tablɛt]
taille (n.f.) [taj]
thé (n.m.) [te]
veste (n.f.) [vɛst(ə)]

C Je peux visiter ?

ascenseur (n.m.) [asɑ̃sœʀ]
charges (n.f.pl.) [ʃaʀʒ(ə)]
cuisine (n.f.) [kɥizin]
gaz (n.m.) [gɑz]
immeuble (n.m.) [im(m)œbl(ə)]
loyer (n.m.) [lwaje]
pièce (n.f.) [pjɛs]
proximité (n.f.) [pʀɔksimite]
quartier (n.m.) [kaʀtje]
séjour (n.m.) [seʒuʀ]
surface (n.f.) [syʀfas]
vue (n.f.) [vy]

D Votre avis compte

avis (n.m.) [avi]
caleçon (n.m.) [kalsɔ̃]
ceinture (n.f.) [sɛ̃tyʀ]
chemise (n.f.) [ʃ(ə)miz]
chemisier (n.m.) [ʃ(ə)mizje]
colis (n.m.) [kɔli]
collant (n.m.) [kɔlɑ̃]
commande (n.f.) [kɔmɑ̃d]
concept (n.m.) [kɔ̃sɛpt]
costume (n.m.) [kɔstym]
cravate (n.f.) [kʀavat]
expédier (v.) [ɛkspedje]
facture (n.f.) [faktyʀ]
jupe (n.f.) [ʒyp]
manteau (n.m.) [mɑ̃to]
pantalon (n.m.) [pɑ̃talɔ̃]
prévenir (v.) [pʀɛvniʀ]
pyjama (n.m.) [piʒama]
réclamation (n.f.) [ʀeklamɑsjɔ̃] ou [ʀeklamasjɔ̃]
remplir (v.) [ʀɑ̃pliʀ]
retard (n.m.) [ʀ(ə)taʀ]
robe (n.f.) [ʀɔb]
sac (n.m.) [sak]
sélectionner (v.) [selɛksjɔne]
trouver (v.) [tʀuve]

Unité 7 **Présentez une entreprise !**

A Quelle est votre activité ?

aérien(ienne) (adj.) [aeʀjɛ̃] [aeʀjɛn]
annonce (n.f.) [anɔ̃s]
beauté (n.f.) [bote]
bijou (n.m.) [biʒu]
bouquet (n.m.) [bukɛ]
bricolage (n.m.) [bʀikɔlaʒ]
cabine (n.f.) [kabin]
cheveu (n.m.) [ʃ(ə)vø]
chiffre (n.m.) [ʃifʀ(ə)]
coloris (n.m.) [kɔlɔʀi]
commerçant(e) (n.) [kɔmɛʀsɑ̃] [kɔmɛʀsɑ̃t]
commercialisation (n.f.) [kɔmɛʀsjalizɑsjɔ̃]
construire (v.) [kɔ̃stʀɥiʀ]
corps (n.m.) [kɔʀ]
couper (v.) [kupe]
création (n.f.) [kʀeɑsjɔ̃]
dorade (n.f.) [dɔʀad]
douche (n.f.) [duʃ]
emploi (n.m.) [ɑ̃plwa]
entrepôt (n.m.) [ɑ̃tʀəpo]
export (n.m.) [ɛkspɔʀ]
fabrique (n.f.) [fabʀik(ə)]
fantaisie (n.f.) [fɑ̃tezi]
filiale (n.f.) [filjal]
gamme (n.f.) [gam]
import (n.m.) [ɛ̃pɔʀ]
importation (n.f.) [ɛ̃pɔʀtɑsjɔ̃]
importer (v.) [ɛ̃pɔʀte]
industriel (adj. et n.) [ɛ̃dystʀijɛl]
marché (n.m.) [maʀʃe]
plombier (n.m.) [plɔ̃bje]
production (n.f.) [pʀɔdyksjɔ̃]
produire (v.) [pʀɔdɥiʀ]
publicitaire (adj.) [pyblisitɛʀ]
sanitaire (adj.) [sanitɛʀ]
sauna (n.m.) [sona]
siège (n.m.) [sjɛʒ]
soin (n.m.) [swɛ̃]
spa (n.m.) [spa]
vendre (v.) [vɑ̃dʀ(ə)]
vêtement (n.m.) [vɛtmɑ̃]
zone (n.f.) [zon]

B Qui fait quoi ?

actif(ve) (adj.) [aktif]
catalogue (n.m.) [katalɔg]
chèque (n.m.) [ʃɛk]
cofondateur(trice) (n.) [kofɔ̃datœʀ] [kofɔ̃datʀis]
créatif(ve) (adj.) [kʀeatif] [kʀeativ]
créateur(trice) (n.) [kʀeatœʀ] [kʀeatʀis]
défenseur (n.m.) [defɑ̃sœʀ]
demande (n.f.) [d(ə)mɑ̃d]
déterminer (v.) [detɛʀmine]

disque (n.m.) [disk(ə)]
domaine (n.m.) [dɔmɛn]
embauche (n.f.) [ɑ̃boʃ]
entrepreneur (n.m.) [ɑ̃tRəpRənœR]
entretien (n.m.) [ɑ̃tRətjɛ̃]
fonction (n.f.) [fɔ̃ksjɔ̃]
fondateur (n.m.) [fɔ̃datœR]
formulaire (n.m.) [fɔRmylɛR]
fournisseur (n.m.) [fuRnisœR]
généreux(se) (adj.) [ʒeneRø] [ʒeneRøz]
génie (n.m.) [ʒeni]
haute couture (n.f.) [otkutyR]
luxe (n.m.) [lyks(ə)]
machine (n.f.) [maʃin]
management (n.m.) [manadʒmənt]
marque (n.f.) [maRk(ə)]
matière (n.f.) [matjɛR]
micro-informatique (n.f.) [mikRoɛ̃fɔRmatik]
organigramme (n.m.) [ɔRganigRam]
paiement (n.m.) [pɛmɑ̃]
paix (n.f.) [pɛ]
récompenser (v.) [Rekɔ̃pɑ̃se]
recruter (v.) [RəkRyte]
réduction (n.f.) [Redyksjɔ̃]
réseau (n.m.) [Rezo]
riche (adj.) [Riʃ]
scientifique (adj.) [sjɑ̃tifik]
téléphonie (n.f.) [telefɔni]

C Secret de fabrication

appareil (n.m.) [apaRɛj]
automatique (adj.) [ɔtɔmatik] ou [otɔmatik]
bac (n.m.) [bak]
boîte (n.f.) [bwat]
carton (n.m.) [kaRtɔ̃]
chaîne (n.f.) [ʃɛn]
chauffer (v.) [ʃofe]
chaux (n.f.) [ʃo]
commencer (v.) [kɔmɑ̃se]
contrôler (v.) [kɔ̃tRole]
couteau (n.m.) [kuto]
cuire (v.) [kɥiR]
découper (v.) [dekupe]
délégation (n.f.) [delegɑsjɔ̃]
disposition (n.f.) [dispozisjɔ̃]
électrique (adj.) [elɛktRik]
enlever (v.) [ɑ̃lve]
fabrication (n.f.) [fabRikɑsjɔ̃]
fabriquer (v.) [fabRike]
faim (n.f.) [fɛ̃]
fermé(e) (adj.) [fɛRme]
fermer (v.) [fɛRme]
fluide (adj.) [flɥid]
four (n.m.) [fuR]
goutte (n.f.) [gut]
idéal(e) (adj.) [ideal]
laver (v.) [lave]
magasin (n.m.) [magazɛ̃]
mécaniquement (adv.) [mekanikmɑ̃]
mélanger (v.) [melɑ̃ʒe]
mettre (v.) [mɛtR(ə)]
moule (n.m.) [mul]
naturel(elle) (adj.) [natyRɛl]
nommé(e) (adj.) [nɔme]
objet (n.m.) [ɔbʒɛ]
obtenir (v.) [ɔptəniR]
obtenu(e) (adj.) [ɔptəny]
ouvrir (v.) [uvRiR]
pétale (n.m.) [petal]
piloté(e) (adj.) [pilɔte]
procédé (n.m.) [pRɔsede]
processus (n.m.) [pRɔsesys]
rajouter (v.) [Raʒute]
recruté(e) (adj.) [RəkRyte]
refroidir (v.) [RəfRwadiR]
sable (n.m.) [sabl(ə)]
salé(e) (adj.) [sale]
solide (adj.) [sɔlid(ə)]
soude (n.f.) [sud(ə)]
souffler (v.) [sufle]
sucre (n.m.) [sykR(ə)]
terminer (v.) [tɛRmine]
variété (n.f.) [vaRjete]
ventilé(e) (adj.) [vɑ̃tile]
verre (n.m.) [vɛR]
visiter (v.) [vizite]

D C'est écrit !

ascenseur (n.m.) [asɑ̃sœR]
autorisation (n.f.) [ɔtɔRizɑsjɔ̃] ou [otɔRizɑsjɔ̃]
badge (n.m.) [badʒ(ə)]
bonus (n.m.) [bɔnys]
casque (n.m.) [kask(ə)]
certificat (n.m.) [sɛRtifikɑ]
circuler (v.) [siRkyle]
consigne (n.f.) [kɔ̃siɲ(ə)]
effectif (n.m.) [efɛktif]
évacuation (n.f.) [evakɥɑsjɔ̃]
évaluation (n.f.) [evalɥɑsjɔ̃]
incendie (n.m.) [ɛ̃sɑ̃di]
interdit(e) (adj.) [ɛ̃tɛRdi] [ɛ̃tɛRdit]
médical(e) (adj.) [medikal]
ouvrier(ière) (n.) [uvRije] [uvRijɛR]
particulier(ère) (adj.) [paRtikylje] [paRtikyljɛR]
passager(ère) (n.) [pasaʒe] [pasaʒɛR]
pompier (n.m.) [pɔ̃pje]
promotion (n.f.) [pRɔmosjɔ̃]
recevoir (v.) [R(ə)səvwaR]
respecter (v.) [Rɛspɛkte]
retraite (n.f.) [R(ə)tRɛt(ə)]
secours (n.m.) [səkuR]
secret(ète) (adj.) [səkRɛ] [səkRɛt]
sécurité (n.f.) [sekyRite]
somme (n.f.) [sɔm]
spécialiste (n.) [spesjalist(ə)]
urgence (n.f.) [yRʒɑ̃s]
visiteur(euse) (n.) [vizitœR] [vizitøz]

Unité 8 Trouvez un emploi

A Société recrute...

accueillir (v.) [akœjiR]
animer (v.) [anime]
autonomie (n.f.) [otɔnɔmi] ou [ɔtɔnɔmi]
candidature (n.f.) [kɑ̃didatyR]
capacité (n.f.) [kapasite]
compétence (n.f.) [kɔ̃petɑ̃s]
compte rendu (n.m.) [kɔ̃tRɑ̃dy]
connaissance (n.f.) [kɔnɛsɑ̃s]
contact (n.m.) [kɔ̃takt]
contrôle (n.m.) [kɔ̃tRol]
développer (v.) [devlɔpe]
diplôme (n.m.) [diplom]
diplômé(e) (adj.) [diplome]
disponibilité (n.f.) [dispɔnibilite]
élaboration (n.f.) [elabɔRɑsjɔ̃]
équipe (n.f.) [ekip]
équipement (n.m.) [ekipmɑ̃]
évaluer (v.) [evalɥe]
filiale (n.f.) [filjal]
former (v.) [fɔRme]
gestion (n.f.) [ʒestjɔ̃]
lettre (n.f.) [lɛtR(ə)]
maîtrise (n.f.) [metRiz]
maîtriser (v.) [metRize]
mission (n.f.) [misjɔ̃]
motivation (n.f.) [mɔtivɑsjɔ̃]

négociateur(trice) (n.) [negɔsjatœʀ] [negɔsjatʀis]

négocier (v.) [negɔsje]

organisation (n.f.) [ɔʀganizasjɔ̃]

participer (v.) [paʀtisipe]

préparation (n.f.) [pʀepaʀasjɔ̃]

prétentions (n.f.pl.) [pʀetɑ̃sjɔ̃]

profil (n.m.) [pʀɔfil]

promotionnel(elle) (adj.) [pʀɔmosjɔnɛl]

proposition (n.f.) [pʀɔpozisjɔ̃]

prospecter (v.) [pʀɔspɛkte]

rapport (n.m.) [ʀapɔʀ]

réalisation (n.f.) [ʀealizasjɔ̃]

recruter (v.) [ʀəkʀyte]

recruteur(euse) (n.) [ʀəkʀytœʀ] [ʀəkʀytøz]

rédiger (v.) [ʀediʒe]

sens (n.m.) [sɑ̃s]

similaire (adj.) [similɛʀ]

statistique (n.f.) [statistik]

talent (n.m.) [talɑ̃]

voyager (v.) [vwajaʒe]

B 30 secondes pour lire un CV !

association (n.f.) [asɔsjasjɔ̃]

conduite (n.f.) [kɔ̃dɥit]

coordination (n.f.) [kɔɔʀdinasjɔ̃]

école (n.f.) [ekɔl]

expérience (n.f.) [ɛkspeʀjɑ̃s]

indiquer (v.) [ɛ̃dike]

logiciel (n.m.) [lɔʒisjɛl]

participation (n.f.) [paʀtisipasjɔ̃]

rugby (n.m.) [ʀygbi]

promotion (n.f.) [pʀɔmosjɔ̃]

rubrique (n.f.) [ʀybʀik]

souhaité(e) (adj.) [swete]

stage (n.m.) [staʒ]

C Votre profil nous intéresse !

actuel(elle) (adj.) [aktɥɛl]

aéronautique (n.) [aeʀɔnotik]

agressif(ve) (adj.) [agʀɛsif] [agʀɛsiv]

atelier (n.m.) [atəlje]

augmentation (n.f.) [ɔgmɑ̃tasjɔ̃] ou [ogmɑ̃tasjɔ̃]

autonome (adj.) [ɔtɔnɔm] ou [otɔnɔm]

boulot (n.m.) [bulo]

cantine (n.f.) [kɑ̃tin]

défi (n.m.) [defi]

déménager (v.) [demenaʒe]

déplacement (n.m.) [deplasmɑ̃]

disponible (adj.) [dispɔnibl(ə)]

gourmand(e) (adj.) [guʀmɑ̃] [guʀmɑ̃d]

loi (n.f.) [lwa]

maintenance (n.f.) [mɛ̃tnɑ̃s]

motivé(e) (adj.) [mɔtive]

objectif (n.) [ɔbʒɛktif]

panne (n.f.) [pan]

patron(onne) (n.) [patʀɔ̃] [patʀɔn]

perfectionner (v.) [pɛʀfɛksjɔne]

postuler (v.) [pɔstyle]

pratiquer (v.) [pʀatike]

prime (n.) [pʀim]

privé (adj.) [pʀive]

réparer (v.) [ʀepaʀe]

rythme (n.m.) [ʀitm]

signer (v.) [siɲe]

solution (n.f.) [sɔlysjɔ̃]

technicien(enne) (n.) [tɛknisjɛ̃] [tɛknisjɛn]

D Quelles sont les conditions ?

acquérir (v.) [akeʀiʀ]

avantage (n.m.) [avɑ̃taʒ]

basé(e) (adj.) [baze]

bâtiment (n.m.) [batimɑ̃]

enthousiasme (n.m.) [ɑ̃tuzjasm]

essai (n.m.) [esɛ]

goût (n.m.) [gu]

intégrer (v.) [ɛ̃tegʀe]

mois (n.m.) [mwa]

offre (n.f.) [ɔfʀ(ə)]

période (n.f.) [peʀjɔd]

rémunération (n.f.) [ʀemyneʀasjɔ̃]

salaire (n.m.) [salɛʀ]

semaine (n.f.) [s(ə)mɛn]

SMIC (n.m.) [smik]

Unité 9 Faites des projets !

A Question de bien-être

abonné(e) (n.) [abɔne]

air (n.m.) [ɛʀ]

ancien(ienne) (adj.) [ɑ̃sjɛ̃] [ɑ̃sjɛn]

armoire (n.f.) [aʀmwaʀ]

boulanger(ère) (n.) [bulɑ̃ʒe] [bulɑ̃ʒɛʀ]

bruit (n.m.) [bʀɥi]

bruyant(e) (adj.) [bʀɥijɑ̃] [bʀɥijɑ̃t]

chance (n.f.) [ʃɑ̃s]

changer (v.) [ʃɑ̃ʒe]

chômeur(euse) (n.) [ʃomœʀ] [ʃomøz]

classer (v.) [klase]

conditionné(e) (adj.) [kɔ̃disjɔne]

consommation (n.f.) [kɔ̃sɔmasjɔ̃]

courbe (n.f.) [kuʀb(ə)]

élevé(e) (adj.) [ɛlve]

horreur (n.f.) [ɔʀœʀ]

lumière (n.f.) [lymjɛʀ]

mauvais(e) (adj.) [mɔvɛ] [mɔvɛz] ou [movɛ] [movɛz]

meuble (n.m.) [mœbl(ə)]

raison (n.f.) [ʀɛzɔ̃]

ranger (v.) [ʀɑ̃ʒe]

retirer (v.) [ʀ(ə)tiʀe]

s'asseoir (v.) [saswaʀ]

sombre (adj.) [sɔ̃bʀ(ə)]

B Au comité d'entreprise

abordé(e) (adj.) [abɔʀde]

aborder (v.) [abɔʀde]

actionnaire (n.) [aksjɔnɛʀ]

club (n.m.) [klœb]

comité (n.m.) [kɔmite]

convocation (n.f.) [kɔ̃vɔkasjɔ̃]

décision (n.f.) [desizjɔ̃]

établir (v.) [etabliʀ]

formation (n.f.) [fɔʀmasjɔ̃]

inscription (n.f.) [ɛ̃skʀipsjɔ̃]

s'inscrire (v.) [sɛ̃skʀiʀ]

séance (n.f.) [seɑ̃s]

séminaire (n.m.) [seminɛʀ]

subvention (n.f.) [sybvɑ̃sjɔ̃]

tarif (n.m.) [taʀif]

C Infos utiles

artiste (n.) [aʀtist(ə)]

conduire (v.) [kɔ̃dɥiʀ]

doigt (n.m.) [dwa]

impression (n.f.) [ɛ̃pʀesjɔ̃]

lentement (adv.) [lɑ̃tmɑ̃]

maître(esse) (n.) [mɛtʀ(ə)] [mɛtʀɛs]

note (n.f.) [nɔt]

permanence (n.f.) [pɛʀmanɑ̃s]

recommandation (n.f.) [ʀəkɔmɑ̃dasjɔ̃]

renseigner (v.) [ʀɑ̃seɲe]

revenir (v.)
[ʀəvniʀ] ou [ʀvəniʀ]
sain(e) (adj.) [sɛ̃] [sɛn]
satisfaction (n.f.)
[satisfaksjɔ̃]
sauf (sauve) (adj.)
[sof] [sov]
sourire (n.m. et v.) [suʀiʀ]
tableau (n.m.) [tablo]
traiteur (n.m.)
[tʀɛtœʀ]
vernissage (n.m.)
[vɛʀnisaʒ]

D Un programme chargé !

congé (n.m.) [kɔ̃ʒe]
discours (n.m.) [diskuʀ]
excursion (n.f.) [ɛkskyʀsjɔ̃]
huître (n.f.) [ɥitʀ(ə)]
immédiatement (adv.)
[im(m)edjatmɑ̃]
montage (n.m.) [mɔ̃taʒ]
problème (n.m.)
[pʀɔblɛm]
programme (n.m.)
[pʀɔgʀam]
réceptionniste (n.)
[ʀesɛpsjɔnist(ə)]
suggestion (n.f.)
[sygʒɛstjɔ̃]
visite (n.f.) [vizit]

Unité 10 Réglez les problèmes !

A Je voudrais ouvrir un compte

assurance (n.f.) [asyʀɑ̃s]
bancaire (adj.) [bɑ̃kɛʀ]
bulletin (n.m.) [byltɛ̃]
carnet (n.m.) [kaʀnɛ]
carte (n.f.) [kaʀt]
compte (n.m.) [kɔ̃t]
condition (n.f.) [kɔ̃disjɔ̃]
consultation (n.f.)
[kɔ̃syltɑsjɔ̃]
coupon (n.m.) [kupɔ̃]
crédit (n.m.) [kʀedi]
débiter (v.) [debite]
distributeur (n.m.)
[distʀibytœʀ]
documentation (n.f.)
[dɔkymɑ̃tɑsjɔ̃]
domicile (n.m.) [dɔmisil]
électricité (n.f.)
[elɛktʀisite]
emprunter (v.) [ɑ̃pʀœ̃te]
espèces (n.f.pl.) [ɛspɛs]
garantie (n.f.) [gaʀɑ̃ti]
identité (n.f.) [idɑ̃tite]
intéressé(e) (adj.)
[ɛ̃teʀese]
justificatif (n.m.)
[ʒystifikatif]

offre (n.f.) [ɔfʀ(ə)]
perte (n.f.) [pɛʀt(ə)]
possible (adj.) [pɔsibl(ə)]
prêt (n.m.) [pʀɛ]
prêter (v.) [pʀete]
quittance (n.f.) [kitɑ̃s]
réception (n.f.)
[ʀesɛpsjɔ̃]
règlement (n.m.)
[ʀɛgləmɑ̃]
relevé (n.m.)
[ʀəl(ə)ve] ou [ʀ(ə)ləve]
rénover (v.) [ʀenɔve]
retrait (n.m.) [ʀ(ə)tʀɛ]
souhaiter (v.) [swete]
valise (n.f.) [valiz]
virement (adv.) [viʀmɑ̃]
virer (v.) [viʀe]

B Vous avez mal où ?

adhésif(ve) (adj.)
[adezif] [adeziv]
alcool (n.m.) [alkɔl]
angine (n.f.) [ɑ̃ʒin]
argent (n.m.) [aʀʒɑ̃]
aspirine (n.f.) [aspiʀin]
assis(e) (adj.) [asi] [asiz]
ausculter (v.)
[ɔskylte] ou [oskylte]
avaler (v.) [avale]
bande (n.f.) [bɑ̃d]
bouché(e) (adj.) [buʃe]
cachet (n.m.) [kaʃɛ]
calme (adj.) [kalm(ə)]
casser (v.) [kɑse]
chaussure (n.f.) [ʃosyʀ]
cheville (n.f.) [ʃ(ə)vij]
comprimé (n.m.)
[kɔ̃pʀime]
contracter (v.) [kɔ̃tʀakte]
cou (n.m.) [ku]
coude (n.m.) [kud]
couverture (n.f.) [kuvɛʀtyʀ]
cuillère (n.f.) [kɥijɛʀ]
debout (adv.) [dəbu]
déchirure (n.f.) [deʃiʀyʀ]
dent (n.f.) [dɑ̃]
dentaire (adj.) [dɑ̃tɛʀ]
dormir (v.) [dɔʀmiʀ]
dos (n.m.) [do]
douleur (n.f.) [dulœʀ]
éclairage (n.m.) [eklɛʀaʒ]
écran (n.m.) [ekʀɑ̃]
effervescent (adj.) [efɛʀvɛsɑ̃]
entorse (n.f.) [ɑ̃tɔʀs(ə)]
épaule (n.f.) [epol]
fauteuil (n.m.) [fotœj]
fièvre (n.f.) [fjɛvʀ(ə)]
forme (n.f.) [fɔʀm(ə)]
fumer (v.) [fyme]
genou (n.m.) [ʒ(ə)nu]
gorge (n.f.) [gɔʀʒ(ə)]
hanche (n.f.) [ɑ̃ʃ]
inscrire (v.) [ɛ̃skʀiʀ]

jambe (n.f.) [ʒɑ̃b]
lourd(e) (adj.)
[luʀ] [luʀd]
main (n.f.) [mɛ̃]
mal (adv.) [mal]
maladie (n.f.) [maladi]
marcher (v.) [maʀʃe]
médicament (n.m.)
[medikamɑ̃]
membre (n.m.) [mɑ̃bʀ(ə)]
migraine (n.f.) [migʀɛn]
monnaie (n.f.) [mɔnɛ]
muscle (n.m.) [myskl(ə)]
natation (n.f.) [natɑsjɔ̃]
nez (n.m.) [ne]
notice (n.f.) [nɔtis]
nuque (n.f.) [nyk]
opération (n.f.)
[ɔpeʀɑsjɔ̃]
ordonnance (n.f.)
[ɔʀdɔnɑ̃s]
pause (n.f.) [poz]
pharmacie (n.f.)
[faʀmasi]
pied (n.m.) [pje]
plier (v.) [plije]
poignet (n.m.) [pwaɲɛ]
prélèvement (n.m.)
[pʀelɛvmɑ̃]
prescription (n.f.)
[pʀɛskʀipsjɔ̃]
prescrire (v.) [pʀɛskʀiʀ]
rhume (n.m.) [ʀym]
saigner (v.) [seɲe]
santé (n.f.) [sɑ̃te]
se déshabiller (v.)
[s(ə)dezabije]
somnifère (n.m.)
[sɔmnifɛʀ]
souris (n.f.) [suʀi]
talon (n.m.) [talɔ̃]
tendinite (n.f.) [tɑ̃dinit]
tennis (n.m.) [tenis]
tousser (v.) [tuse]
traitement (n.m.)
[tʀɛtmɑ̃]
traumatologie (n.f.)
[tʀomatɔlɔʒi]
vomir (v.) [vɔmiʀ]

C C'est encore en panne !

anomalie (n.f.) [anɔmali]
anormal (adj.) [anɔʀmal]
brancher (v.) [bʀɑ̃ʃe]
cassé(e) (adj.) [kɑse]
catastrophe (n.f.)
[katastʀɔf]
chauffage (n.m.) [ʃofaʒ]
chauffe-eau (n.m.) [ʃofo]
circuit (n.m.) [siʀkɥi]
climatiseur (n.m.)
[klimatizœʀ]
coincé(e) (adj.) [kwɛ̃se]
contrôlé(e) (adj.) [kɔ̃tʀole]

court-circuit (n.m.) [kuʀsiʀkɥi] ....
cuve (n.f.) [kyv] ....
dangereux(euse) (adj.) [dɑ̃ʒʀø] [dɑ̃ʒʀøz] ....
défaut (n.m.) [defo] ....
défectueux(euse) (adj.) [defɛktɥø] [defɛktɥøz] ....
dépanneur (n.m.) [depanœʀ] ....
ennuyer (v.) [ɑ̃nɥije] ....
éviter (v.) [evite] ....
fonctionnement (n.m.) [fɔ̃ksjɔnmɑ̃] ....
fonctionner (v.) [fɔ̃ksjɔne] ....
garantir (v.) [gaʀɑ̃tiʀ] ....
imprimante (n.f.) [ɛ̃pʀimɑ̃t] ....
intervention (n.f.) [ɛ̃tɛʀvɑ̃sjɔ̃] ....
lavabo (n.m.) [lavabo] ....
lave-vaisselle (n.m.) [lavvɛsɛl] ....
moquette (n.f.) [mɔkɛt] ....
moteur (n.m.) [mɔtœʀ] ....
plaire (v.) [plɛʀ] ....
prise (n.f.) [pʀiz] ....
réglé(e) (adj.) [ʀegle] ....
renverser (v.) [ʀɑ̃vɛʀse] ....
sauter (v.) [sote] ....
se marier (v.) [s(ə)maʀje] ....
taché(e) (adj.) [taʃe] ....
tomber (v.) [tɔ̃be] ....
utilisation (n.f.) [ytilizɑsjɔ̃] ....
vérification (n.f.) [veʀifikɑsjɔ̃] ....
vérifié(e) (adj.) [veʀifje] ....
vidange (n.f.) [vidɑ̃ʒ] ....

D Déclaration de vol

allongé (adj.) [alɔ̃ʒe] ....
ambulance (n.f.) [ɑ̃bylɑ̃s] ....
arracher (v.) [aʀaʃe] ....
blond(e) (adj.) [blɔ̃] [blɔ̃d] ....
blouson (n.m.) [bluzɔ̃] ....
brun(e) (adj.) [bʀœ̃] [bʀyn] ....
casquette (n.f.) [kaskɛt] ....
chauve (adj.) [ʃov] ....
fenêtre (n.f.) [f(ə)nɛtʀ(ə)] ....
foulard (n.m.) [fulaʀ] ....
frisé(e) (adj.) [fʀize] ....
jean (n.m.) [dʒin] ....
lunettes (n.f.pl.) [lynɛt] ....
moustache (n.f.) [mustaʃ] ....
opposition (n.f.) [ɔpozisjɔ̃] ....
papier (n.m.) [papje] ....
petit(e) (adj.) [p(ə)ti] [p(ə)tit] ....
police (n.f.) [pɔlis] ....
porte-monnaie (n.m.) [pɔʀtmɔnɛ] ....
queue (n.f.) [kø] ....
rayé(e) (adj.) [ʀeje] ....
s'enfuir (v.) [sɑ̃fɥiʀ] ....
tailleur (n.m.) [tajœʀ] ....
trembler (v.) [tʀɑ̃ble] ....
trouvé(e) (adj.) [tʀuve] ....

Achevé d'imprimer en Italie par Rotolito Lombarda
Dépôt légal : Janvier 2014 - Collection n° 27 - Edition 02
15/6008/5